【文庫クセジュ】

新約聖書入門

レジス・ビュルネ著
加藤隆訳

Que sais-je?

白水社

Régis Burnet, *Le Nouveau Testament*
(Collection QUE SAIS-JE? N°1231)

目次

導入

新約聖書はキリスト教の「基礎となっている書物だ」と書かれているのを、目にすることがある。こうした表現は、不正確である。この二七の文書は、すぐれた役割を果たしているために、これらと同じ時期に書かれたキリスト教の他のあらゆる文書とは区別されるものとなっているが、このすぐれた役割を描きだすためには、別の言い方を見つける必要がある。実際のところ新約聖書は、キリスト教に先立って、そしてキリスト教の形を作ったという意味において、キリスト教を創立した、のではない。宗教とその聖なる書物は、あい並んで展開したのであり、このため、一方のことを描きだすうえで、他方の誕生において導き手の役を果たしたさまざまな緊張や対立のことを話さずに済ますことができないほどである。新約聖書と初期キリスト教の歴史は、互いに切り離せない。最初の弟子たちによって実際に体験されたさまざまな出来事を、認識し、伝達することは、共同体にとっての重要事であり、また共同体の形成にあずかっている。なぜなら、伝達する意志が、これらの人びとを集合させ、共同体を形成させているからである。しかしこれに続く時期には、教会の展開が、この伝達の手段や様式に形を与えることになる。

I　イエスから新約聖書へ

したがって新約聖書は、キリスト教の誕生を導いたものと切り離して、それ自体で理解しようとしても、それは不可能である。キリスト教の誕生を導いたものとは、ガリラヤのユダヤ人たちのグループの証《あか》しであって、それによれば、彼らのあいだで神の国の到来を宣べ伝えたイエスは、神によって約束されたメシアであり、復活した者であり、死に対する勝利者であり、人と神のあいだの新しい契約の締結を告知した者である。

1　ユダヤ地方のユダヤ人たち

こうした信念がユダヤ地方のユダヤ人たちのあいだで生じたのは、「捕囚」(前五八七〜五三八年)によって強い影響を受けたユダヤ教の歴史の特別なひとつの段階においてであって、彼らの集団の複雑なあり方は、ここ四〇年ほどのあいだに、次第に明らかになってきている。

「捕囚」の時期（前五八七〜五三八年）に生じた「メシア的信念」をユダヤ人たちは保持していた。ユダ王国の預言者たち——とくに、イザヤ——の流れにおいて、いくつかのグループでは、ダビデ王の子孫の一人であるメシアの到来が待たれていた。メシアは、失われている政治的・宗教的な独立を国に回復するとされていた。

「シナゴーグ」の制度は捕囚後の時期に由来し、これが次第に作られるようになるのは前二世紀からである。神殿での犠牲祭による崇拝が捨てられるのではないが、シナゴーグでは、宗教の実践の新しいあり方——書物を読むこと、テキストについて考察すること、祈り——が、優遇されるようになっていた。

捕囚後の時代を受け継いだユダヤ教は、多様な顔を見せるようになる。歴史家であるフラヴィウス・ヨセフス（三八〜一〇〇年）にならって、一世紀前後には三つの傾向が支配的だったと言われることが多い。サドカイ派は、神殿に近いグループで、律法の形式的で厳格な遵守を行なっていた。ファリサイ派は、こうした社会的形式重視の態度を、律法を道徳的に尊重する態度に変更しようとしていた。エッセネ派は、民の他の者たちから離れて、きわめて厳格な清浄についてのさまざまな掟に従って生活をしていた。こうした特徴づけはたいへんに単純化したものだとしても、ファリサイ派とイエスの親近性、そしておそらくある程度のエッセネ派的な影響は、否定できないだろう。

忘れられるべきでないのは、こうしたイメージに、「ヘレニズム的ディアスポラ」――ギリシア語が話されている地域でのユダヤ人たちの「拡散」――が付け加わることである。「ヘレニズム的ディアスポラ」のユダヤ人たちは、ギリシア語を身につけていた。地理的には、エジプト（とくに、アレキサンドリア）、シリア、バビロニア、アカイア、イタリア、である。ところでガリラヤは、ユダヤ人の地方で最もヘレニズム化が進んでいた地方だが、ギリシア語のほかに、アラム語――ヘブライ語に代わって用いられていた言語――が話されていた。したがって、イエスに従っていた者たちは、ディアスポラにおける例外的な知的革新を経験していたことになる。こうした革新の動きについては、聖書のいくつかの文書（たとえば、「智恵の書」）、ユダヤ教のいくつかの外典の文書（「エノク書」「モーセの遺訓」など）、アレキサンドリアのフィロンの著作（前一六～後五〇年）に、痕跡を認めることができる。聖書の偉大な人物（エリヤ、モーセ、など）についての新しい理解、預言者活動から受け継いださまざまなモチーフについての考察（イスラエルのぶどう園、良き牧者、神の子羊）、預言のジャンルに代わって登場した黙示文学のような新しい形態の探求、などである。こうした革新は、新約聖書のいたるところに見つけることができるものので、それを少し指摘するだけでも、この「ヘレニズム的ディアスポラ」が支配的な影響を及ぼしていたことは明らかである。

2　ナザレのイエス

イエスの姿について扱うことは、本書の枠内で行なうべきことではない。次のことを確認するにとどめる。イエスは、ティベリウス帝の支配のとき、ポンティオス・ピラトスの在任中（二七〜三〇年頃）に、ガリラヤに現われた。彼は、預言者、治療師、知恵の教師、という三重の姿で登場した。彼は宣教活動を行ない、群衆に好意的に受け入れられた。政治的・宗教的動機から彼は逮捕され、十字架刑に処された。彼の死——おそらく三〇年（あるいは三一年か三三年）——の直後に、彼の弟子たちは、彼の体が墓から消えてしまい、彼が復活して、彼らに現われた、と主張した。弟子たちは、イエスが語っていた言葉——とくに、イエスが彼らとともにした最後の食事（「聖餐」）のときの言葉——を前面に押しだし、「良い知らせ」——これが「福音」の意味であり、ギリシア語では「エウアンゲリオン」——を宣言した。この「良い知らせ」は、弟子たちが体験したことについてのものであり、神がイエスにおいて人びとと結んだ新しい契約についてのものである。

3　証し

キリスト教の最初の共同体の歴史——また、それを越えて、教会全体の歴史——は、「証し」という考え方をめぐって、具体化している。教会は、イエスの生涯とメッセージについて証しをする必要から生まれたのであり、この証しを深めながら展開している。この本質的に口頭の伝達を重視する集合体において、書かれたもの、とくに新約聖書におさめられることになる諸文書を理解するためには、この鍵になる概念は不可欠である。

4 「新約聖書」

神がイエスにおいて人びとと新しい契約を結んだと弟子たちが宣言したことが根拠となって、「新しい契約」（新約）という表現が生じている。〔「契約」を意味するところの〕「テスタメントゥム」（ラテン語）ないし「ディアテーケー」（ギリシア語）という語は、諸文書に適用される前に、神がノア、アブラハム、イサク、ヤコブおよび彼らの子孫たちと結んだ契約を指すものであって、こうした契約は、神が彼らに支援や祝福を与えるためのものだった。また捕囚（前五八七年頃）の直前にすでにエレミヤは、神が「新しい契約」を自分の民と結ぶだろうと告知していた（エレミヤ書三一：三一～三三）。パウロは、アブラハムと結ばれた契約を「古い契約」と呼んでおり（第二コリント書三：一四）、ガラテヤ書で二つの契約――新しい契約と古い契約――の存在について理論を展開している（ガラテヤ書四：二一～三一）。ヘブライ書の著者も、「新しい契約」に言及している（ヘブライ書八：六、九：一五、一二：二四）。キリスト教徒たちが「新しい契約（新約）」という表現で、自分たちが「正典」（八章を見よ）と考える諸文書の集成を指すようになったのは、二世紀なかばからのことであり、また意味のズレがあって生じたことである。そして、このために、キリスト教徒たちが価値を認めつづけていたイスラエルの諸文書が「古い契約」と呼ばれるようになった。

II　新約聖書の構成と成立への諸段階

こうした習慣に従って、比較的遅い時期に一つにまとまったものとして集められ、教会によって正典として認められるようになった一揃いの諸文書が、「新約聖書」と呼ばれるようになっている。この集成には、ライバルがあった。正典でない諸文書、つまり外典の諸文書、それからたがいに競合する校訂版が、保存されている。歴史研究家は、こうした文書も考慮しなければならない。こうした視野において、初期教会の伝承――イエスに帰されているさまざまな言葉、またその他の情報――の全体のあり方が了解できるようになる。また、新約聖書の読み取りがさらに明解なものになるだろう。

1　新約聖書の構成

諸文書の固定された順番に従って、新約聖書の内部に五つの大きなまとまりがあるとする区分が、伝統的になされている。

四つの福音書——イエスの誕生、生涯、死、復活の物語である。これらは、著者として想定される四人の者の名——マタイ、マルコ、ルカ、ヨハネ——で呼ばれている。最初の三つを「共観福音書」と言う。これらの三つの福音書は、筋が同一であり、「共観表」つまり一目で比較できる表におさめることができるからである。

使徒行伝——ルカ福音書の著者と同じ人物が、この文書の著者である。最初の使徒的宣教、および初期教会の様子の物語であり、ペトロとパウロが中心的登場人物である。

パウロの手紙（書簡）——著者は、使徒パウロ、あるいはパウロの後継者たちで彼の名において書いている者たちである。伝統的に、次のように区分されている。最初の手紙（第一テサロニケ書、第二テサロニケ書）、大きな手紙（ガラテヤ書、第一コリント書、第二コリント書、ローマ書）、著者が自分は牢にいると述べている獄中の手紙（「獄中書簡」）（フィリピ書、コロサイ書、エフェソ書、フィレモン書）、共同体の指導者たちに著者がさまざまな勧めを行なっている「牧会」の手紙（「牧会書簡」）（第一テモテ書、第二テモテ書、テトス書）、それから「ヘブライ人への手紙」（ヘブライ書）。この最後の手紙は、パウロではない者の説教をおさめたものである。

カトリック的手紙〔「公同書簡」〕——このような名がつけられているのは、パウロの手紙の場合のように諸教会や個人に宛てられているのではなく、「普遍的」（これがギリシア語の「カトリコス」の意味）な教会に宛てられているからである。これらの手紙は、使徒たちが著者だと宣言されている。ヤコブ書、二つのペトロ書、三つのヨハネ書、ユダ書、である。

黙示録——新約聖書のなかで、黙示的なスタイルになっている唯一のもの。

2 文書の名、章と節

右に並べた文書の「名」は、文書の執筆のあとになってつけられたものである。福音書の名は、リヨンのエイレナイオスに由来している。パウロの手紙は、宛先の者たちの名を用いて名づけられている。カトリック的手紙は、著者の名によって名づけられている。ただし、第一ヨハネ書には挨拶がなく、第二・第三ヨハネ書は「長老」の手紙だと述べられている。黙示録だけは、冒頭の節で著者が記している名があって、それが文書の名に用いられている。

テキストの章と節の区分も、後世のものである。キリスト教の聖書に章の区分をほどこそうという考えは、おそらく、征服王ウィリアムの顧問だったランフランクス（一〇六六年頃）のものである。これは、ユダヤ教のラビたちがヘブライ語の聖書を「セダリム」――シナゴーグでの朗読のためのテキストの区分――に分けていたのを真似たものである。現在の章区分は、十三世紀のソルボンヌ大学の教授だったエチエンヌ・ラントンによって行なわれた。彼は一二二五年頃に、章区分をラテン語聖書に導入した。節は、リズム・統辞・意味のまとまりになっており、ラテン人たちから引き継がれたものである。ラテン人たちは、朗読を容易にするために、ブレスの箇所にしるしをつける習慣があった。節の区分は、一五〇九年に、詩篇の印刷版について、パリの印刷業者アンリ・エチエンヌによって行なわれた。彼の息子のロベール・エチエンヌがこれを、一五五五年のラテン語の聖書全体のテキストに拡張した。アンリ・エチエンヌはこの節の区分を、リヨン＝パリ間を馬で移動した際に行なったという伝説がある。この伝説の真偽はともかくとしても、このエピソードは、近現代の聖書が「馬乗り的な」つまり「ぞんざいな」あり方で区分されていることを物語るものになっている。

3　新約聖書の成立への諸段階

すでに述べたように、諸文書の伝統的な区分に従うよりも、歴史的展開をここで優先させたい。研究者たちの大部分の意見に従って、いくつかの執筆段階に分けて考える。

使徒的時代（三〇〜七〇年頃）――使徒たちが最初の宣教を行ない、共同体の指導にあたる。またパウロのように、新約聖書の最も古い著作を執筆する。

使徒後の時代（七〇～九〇年）――キリスト教徒の第二世代は、使徒たちの死、それからユダヤ地方での破局的な反乱のさまざまな帰結に、対処しなければならない。彼らは、使徒的教えを保存するために執筆活動を行ない、長期的な見通しにたって諸教会を設立し、非キリスト教徒のユダヤ人たちとの関係を明確にする。

イエスの弟子たちの第三世代（九〇～一二〇年）――一世紀近くの存続をへて、教会が直面する問題の様相が変化する。迫害に対処し、みずからの神学を明らかにするために、新たな文書が作成される。

新約聖書の最終的執筆以後（二世紀に入った頃）――執筆者たちの時代に、編集者たちの時代が重なっている。後者は、どの文書を新約聖書に入れるのか、どの版のものを入れるのか、を決定する。この時代は、翻訳者たちの時代でもある。彼らは、多くの言語で、新約聖書を伝える。

第一部　使徒的時代——最初の弟子たち、最初の執筆

イエスの逮捕によって弟子たちは分散するが、プライベートな性格の一連の例外的な諸現象が生じて彼らは、独立した共同体に集結する。女たちと弟子たちは、空《から》の墓を見出したと述べる。マグダラのマリア、ペトロ、および使徒たちは、イエスその人と出会ったと述べ、このことが、イエスの復活についての彼らの証しの基礎となる。ペンテコステの日に弟子たちは、神秘的な体験をする。パウロは、自分に啓示が生じたと主張する。こうした出来事が収斂して、新しい二つの信念が形成される。①イエスは、死者たちのあいだから復活した。②彼は、新しい契約の時代が到来したと宣言するために、自分の弟子たちを任務活動に派遣した。これらの基礎的な信念に、第三の信念がつけ加わる。近い未来においてイエスが再来するということについての待望、である。「緊急性」が、最初の共同体の生活において支配的になる。最初の使徒たちがほとんど執筆活動を行なわず、またパウロのように、状況によって仕方なく執筆を行なうだけなのは、このことが大きな理由になっている。

第一章　最初の共同体と初期の伝承

I　最初の共同体の展開

キリスト教の最初の共同体の歴史については、釈義家たちのあいだでおおいに議論が戦わされている。使徒行伝は、最初の共同体の様子を描きだしているものとされており、またカイサリアのエウセビオス（二六五〜三四〇年頃）のいくつかの指摘（執筆年代は、三〇〇〜三二〇年）があって、この両者に釈義家たちは、長いあいだにわたって、全幅の信頼を寄せていた。しかし最近は、この最初の共同体を動揺させていたさまざまな対立の様子が強調されている。十九世紀および二十世紀初めには、ユダヤ的キリスト教（「ユダヤ的な状態にとどまっている」キリスト教）がヘレニズム的キリスト教に対立していたという主張がなされていたが、これに反して、こうした対立によって最初の共同体がユダヤ的な枠から脱出したということはなかったと、最近の釈義家たちは主張している。

1　ペトロとヤコブの教会

初期教会は、少なくともルカによれば、成立の当初から、エルサレムに居場所を定めていた。最初の弟子たちにとっては、一見したところ聖都エルサレムにどうしても居なければならない理由はないように思われ、したがってこうした行動は「狼の口のなかにみずからを投じる」ようなものである。このエルサレムでイエスは、十字架刑に処されたばかりではないだろうか。つまり最初のグループは、当初から、自分たちが終末論的な任務を担っていたと信じていたことになる。このグループは、もう一度、聖都エルサレムを、新しい時代の出発点にしていた。この教会は、二人の人物をめぐって存在しており、二つの傾向が支配的だった。二人の人物とは、弟子たちの長であるペトロ、それからヤコブである。ヤコブは、イエスの家族に属していて、一種の血統上の正当性を享受していた。かれは「主の兄弟」と呼ばれることがある（この兄弟という語の正確な意味――彼はマリアの子なのか、それとも単なる従兄弟なのか――については、専門家たちのあいだで議論がなされている）。さまざまな証言によれば、ペトロとヤコブの教会では、神殿の周囲で密度の高い典礼的な生活が行なわれていて、これに独自の儀式が加わっていた。独自の儀式とは、安息日の翌日の独自な夕べの儀式と、キリストの受難についての共同体での記念の儀式である。

2 新しいグループの侵入――「ヘレニスト」

間もなく、新しい傾向が出現する。使徒行伝（六章）では、グループの拡大によって組織上の必要――食卓の仕事を助ける――が生じたためにこの新しい傾向が出現したとされている。ステファノによって指導されていた「ヘレニスト」である。彼らは何者だったのか。十九世紀のドイツの学派の流れでは、彼らは「リベラルな」ユダヤ人たちであり、神殿から離反して、ギリシア的素養があったために、ユダヤ教とは別個の文脈においてキリスト教の「良い知らせ」を受け入れることになった者たちだと、されることが多かった。ユダヤ教に対してのヘレニズムの価値をこのようにもち上げるのは、アンチ・セミティズムの雰囲気を背景にしたものだったということが考えられる。さらに、ギリシア語を話すならばギリシア文化の側に立っていると考えてしまうことは、古代においては意味がない。エジプトのギリシア語のパピルスや、アレキサンドリアのフィロンの著作を読めば、こうしたテキストの著者たちが、依然としてエジプト人であったり、ユダヤ人であったりしたことを簡単に了解することができる。ギリシア語は、いわゆるヘレニズムの精髄を媒介するものである以上に、コミュニケーションのひとつの手段だったのである。

実際には、ヘレニストたちの主張は、ディアスポラのユダヤ教――パレスチナのユダヤ教や、すでに言及したようなエッセネ派・サドカイ派・ファリサイ派の三派の体制からはいくらか離れたもの――の諸概念を表現したものである。ヘレニストたちの指導者だったステファノが三六〜三七年頃に石打ちの刑で処刑され、ヘレニストたちがアンティオキアに退却したとしても、エルサレムの共同体とのつながりが絶たれることはなかった。アンティオキアにはペトロが来ていたし、ダビデの町の優位は保たれていたようだからである。

3　「愛された弟子」のまわりのおとなしいグループ

ヘレニストたちよりもおとなしい第三のグループが、この時期に成立していたようである。「愛された弟子」と呼ばれるようになっていた匿名のひとりの弟子――伝統的にはヨハネのことだとされる――のまわりに、このグループは集まっていた。このグループは、パレスチナに深く根をおろしていた。そしてこのグループにおいて、独自のさまざまな伝承、イエス自身を高く位置づける神学、イエス自身への独自の崇拝のあり方が、保存されていた。

エルサレムの最初の共同体の平衡状態は、ヘロデ・アグリッパによって四四年に開始された迫害の際に崩れることになる。ペトロは自分の地位をヤコブにゆずって、広い範囲での伝道活動を企てる。ヨハネの兄弟ヤコブは、斬首により亡くなり、神殿に近い立場のイエスの「兄弟」ヤコブと彼のグループがこれ以降の指導権を握ることになる。

II　初期の伝承

新約聖書の歴史にとって、エルサレムのこの初期の共同体は最も重要なものである。しかしこの共同体の性格は、逆説的なものになっている。この時期のテキストは、何も保存されていない。しかし新約聖書の源泉となるキリスト教の伝承の発端となるものは、この時期に作りだされた。カイサリアのエウセビオスによれば、ヒエロポリスの司教であるパピアス（一二五年頃）は、ヘブライ語で書かれた文書集が、イエスの死の少しあとに存在していたと主張した。それらのうちからは何も、われわれの手元に伝えられておらず、その内容がどのようなものだったかは誰も知らない。したがって学者が、これらのテキストの理論的な構築、ないし新約聖書のテキストからの「あとからの」再構成を行なわねばならず、このことについては熱のこもった議論が生じている。

1　初期の受難物語と初期の典礼用テキスト

この時期に受難物語の最初の版が成立したと考えられ、これがのちになって福音書に採用されることになる。これが作られたのは、おそらく、この出来事を記念する儀式で用いるためである。またこの時期には、パウロのさまざまな手紙に挿入されていて、パウロが全面的な作者ではないと思われるような、一連の賛歌、ないし賛歌的な断片が作られた。フィリピ書二：六〜一一、第一コリント書一三章、ローマ書三：二四〜二六、六：一〜一一、八：三一〜三九、一一：三三〜三六である。

2　ケリュグマ的伝承

「ケリュグマ」（「信仰の宣教」という意味のギリシア語の技術的用語）という概念は、パウロからアンティオキアのイグナチウス（一〇七年頃、あるいは一一七年頃没）までの、一連の独立した、そしてときとして遅い時期の文書——その大部分は手紙——において、ある種の表現がほとんど同じ意味になるということに気がついたことに由来する。しかもこれらの表現は、歴史的イエスについての伝承を明示的に示さない文書に認められる。したがって初期キリスト教徒たちは、自分たちの信仰を証しするうえでさまざまな方法をもっていたことになり、そのうちのひとつは「衝撃的な表現」を用いる方法だった。ケリュグマ的な表現を一瞥してみると、キリスト教徒たちの信仰についての古い表現がどんなものだったかが一応のところ理解できるようになるだろう。

復活——神はイエスを死者たちから復活させた（ローマ書一〇：九、第一コリント書一五：一五、使徒行伝三：

一五、二：二一、三二、一三：二八〜三〇）。キリストは死者たちから復活した（ローマ書六：四、九、第二テモテ書二：八）。

イエスの主としての性格――「主はイエスである」（とくに、第一コリント書一二：三、ヘブライ書四：一四）。また神の右へのイエスの即位についてのさまざまな表現（第二テモテ書四：一、第一ペトロ書四：五、使徒行伝二：三三、第一ペトロ書一：二一、ローマ書八：一四）。

イエスの贖罪の死――「キリストは、われわれのために死んだ」（ローマ書五：八、第二コリント書五：一四、ヨハネ福音書三：一六、第一ヨハネ書三：一六）。「われわれのために死に、われわれのために復活した」（第二コリント書五：一五、ローマの者たちへのアンティオキアのイグナチウスの手紙六：一）。

神の統一性――「神は唯一であり、主は唯一である」（第一テモテ書二：五、エフェソ書四：五）。「キリストの先在」。神において永遠の昔から隠されていた（コロサイ書一：二六、エフェソ書三：九）。世界の創造の前に知られていた（第一ペトロ書一：二〇）。

別個に見てしまうとこれらの表現は、当時のメシア的ユダヤ教の流れのなかで、とくに目立ったものではなくなってしまう。しかしこれらの表現における結びつきが、キリスト教的な特徴になっている。メシアが復活したり、復活者が主であったり、といったことの必然性はなかったのである。

3　共観福音書伝承とQ資料

共観福音書においては多くのエピソードが繰り返し記されていて、著者たちが互いにコピーをしており、使徒時代にさかのぼるようなもとの一つの文書に依拠しているようであることに、気づかされる。たとえば「鎮められた嵐」（マタイ八：二三～二六、マルコ四：三六～四〇、ルカ八：二二～二六）のようなエピソードは、三人の福音書記者に共通である。また「最も偉大な掟についての質問」（マタイ二二：三四～四〇、マルコ一二：二八～三四）のような、マタイ福音書とマルコ福音書に見られるエピソードもあり、「口が利けず、悪霊に取りつかれた者の癒し」（マタイ九：三二～三四、ルカ一一：一四）のようなマタイ福音書とルカ福音書に見られるエピソードもある。一つの福音書だけに見られるエピソードもある。「エジプトへの逃亡」（マタイ二：一三～二三）のようなマタイ福音書だけのもの、「受胎告知」（ルカ一：二六～三八）のようなルカ福音書だけのもの、である。これに対して、マルコ福音書だけのエピソードは存在しない。

こうした状態を説明するために、二つの仮説が作られた。

グリースバッハの解決策（一七八六年）――マタイ福音書が最初の福音書であり、ルカはマルコ福音書を書き直し、マルコは、マタイ福音書とルカ福音書を知っていて、マタイ福音書の縮約版を作った。したがってマルコ福音書が短いものとなっていることは、あとの段階になってからの縮約の意図によって説明されていることになる。この説の主要な根拠は、ルカとマタイが、マルコに反して、一致してい

図1　諸福音書執筆についての二つの理論

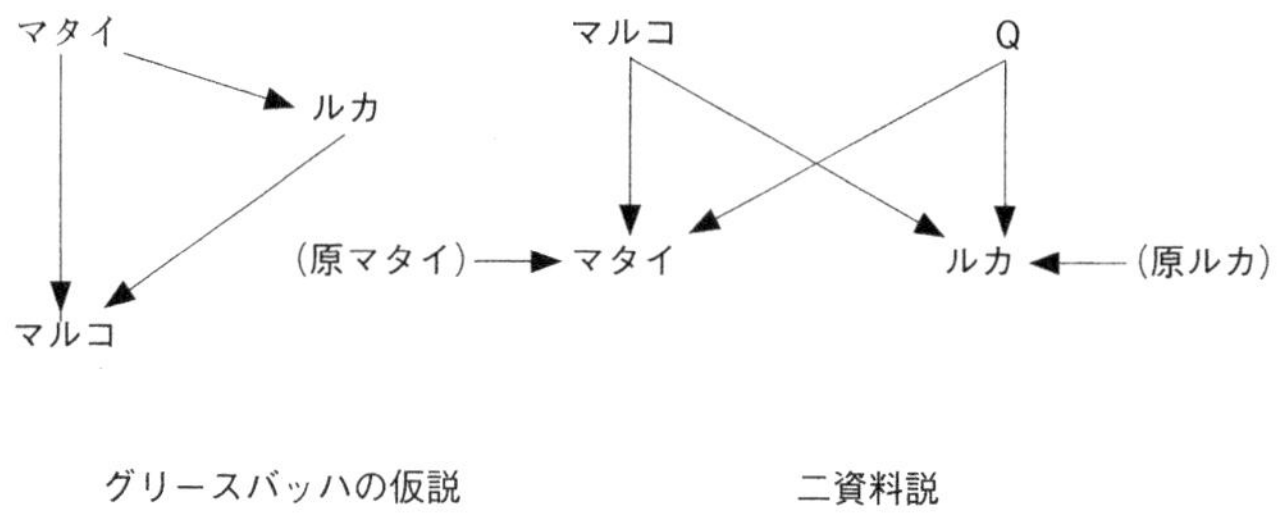

る部分――「限定的一致」と呼ぶ――に存している。主要な難点は、マタイとルカのあいだの不一致で、マルコが解決しようとしない部分に存している。イエスの子供時代物語の場合のように、マルコはこれをさっぱりと削除してしまう。

二資料説――この場合、マルコ福音書が短いことは、マルコ福音書が先行していることによって説明される。最初にマルコが書いた。ついでマタイとルカが独立して、マルコ福音書を使いながら、そして場合によっては、自分だけに伝わっている伝承と、それから独立した文集である「Q資料」(「Q」は、ドイツ語で「資料」を意味するQuelle のこと)を使いながら、書いた。マルコ福音書が先行していることを支持する根本的な議論は、この仮説が以前のものよりも、より多くの難点を解決するということである。

要約するならば、執筆者たちがそれぞれ、二つの文書資料を手にしているようになっている。一つの資料は、マタイ・マルコ・ルカが手にしている。したがって「三重の伝承」という。もう一つの資料は、マタイとルカだけが手にしている。「Q資料」である。

マタイとルカが、三重の資料を直接に見ることができたのか、それともマルコ福音書を通してこの資料を知っているだけなのか、を決めるのは困難である。いずれにせよ、マタイとルカがマルコ福音書を知っていたこと、マタイとルカが互いに独立していたことは、認められている。またマタイとルカは、Q資料に見出されたことを、それぞれ別様に扱った。マタイはこれを、自分の福音書の全体に「ちりばめた」。ルカは、マルコ福音書から受け継いだ筋のなかの、二つの長い挿入部分にまとめた。マタイとルカは、それぞれに固有なテキストを手にしていて、マルコにはそのようなテキストは、ほとんどない。

再構成の作業を行なって、このQ資料がどのようなものだったかを知ろうとすると、そこに含まれているのが多くの場合、「ロギア」、つまりイエスの言葉の集成であることがわかってくる。これらの「ロギア」で強調されているのは、任務活動が緊急のものであること、死を覚悟してイエスに従うことが必要であること、ユダヤ教の律法が恒久的なものであること、律法をまったく形式的に実践するばかりのこの「不信仰な世代」から離れる必要があること、である。

二資料説は、大部分の釈義家たちによって認められているが、ときとして理論的な洗練がなされることもある。たとえば、ヴァイスの仮説(一八五六年)である。この仮説はホルツマンによって、再び取り上げられた(一八六三年)。これによれば、ルカとマタイがコピーしているマルコ福音書は、第一の版

（「原マルコ福音書」）であって、これはわれわれが所有している第二の版とはいくらか異なったものである。ケスターの仮説（一九九〇年）では、原マルコ福音書の説が再び取り上げられており、さらにアレキサンドリアのクレメンス（一四〇～二二〇年頃）に帰されている手紙を根拠にして、中間の版が存在したとされている。つまり「原マルコ福音書」と最終的な版とのあいだの、「秘密のマルコ福音書」である。ホルツマンの第二の仮説（一八八五年）は、プライスによって再び取り上げられている（一九九九年）。そこでは、ルカとマタイは互いに独立して執筆したのではないとされている。なぜならルカは、マタイ福音書のひとつの版を手にしていたからである。

二資料説を採用することについては、研究者たちのあいだではほとんど全面的な一致が存在しているが、新約聖書のテキストが作成されたのは、読む能力を備えた者が人口の一〇パーセントになるかならないかでしかなく、基本的に口頭による伝達がなされていた文明においてだったことを見失ってはならないだろう。Q資料の仮説は、純粋に文学的なものであって、「執筆」ということの重要性を過大評価することにつながりかねない。執筆が行なわれるのは、口頭での長期間にわたる作成が行なわれたあとである。口頭の伝承に依拠する諸文明についての研究によると、情報伝達は、書かれたものの場合とはきわめて異なった法則に従ったものになっている。口頭で情報が述べられるたびに、それぞれが、特殊な聞き手に対応したひとつの新しい創造だと理解されている（しかし、ある程度の忠実さは確保されている）。

したがって、「元の伝承」にさかのぼることは不可能であり、ましてやそこからさまざまな口頭の伝承が行なわれるような「元の文書」にさかのぼることは、なおさら不可能である。口頭伝承のあり方の柔軟性を尊重したような、すっきりした理論を作ることが必要だと思われる。

第二章　パウロと「パウロの手紙」

パウロは、新約聖書に保存されている文書の最初の著者である。彼の手紙は、神学論文である以上に、具体的状況において書かれた手紙であって、そこでは自分の教会の問題に対してパウロが答えを表明している。

I　アンティオキアの神学の枠内におけるパウロ

パウロの生涯については、ガラテヤ書および使徒行伝でかなり長く語られている。ここではパウロが、タルソス出身のユダヤ人で、すぐれたラビ的教育を受け、キリスト教共同体に対して戦うことから自分の活動を始めたことを確認しておく。使徒行伝の著者によれば、ダマスコに向かう旅の途上でパウロは、ヘブライ的な意味における「回心」を行なった。つまり、新しい教義を受け入れたのではなく、より正しい生き方に立ち返ったのである。別の言い方をするならばパウロは、イエスなる者をその弟子たちを通して迫害していたのだが、そのイエスはユダヤの民が待ち望んでいたキリストであり、メシアだと理解したのである。

エルサレムを発って、ダマスコに立ち寄り、彼はアンティオキアにいたる。そこで彼は、キリスト教の指導者たちのひとりであるバルナバの助手になる。パウロはこのバルナバに従って、アンティオキアからリストラへの第一回伝道旅行を行なう。使徒行伝には、この旅でのいくつかのエピソードが記されている。ディアスポラのユダヤ人だったパウロは、非ユダヤ人たちに対していくらか開放的なギリシア語圏のキリスト教の生活を行なっていた。これは律法の規定を放棄してしまうのではなく、共同体生活ができるようにするために、各メンバーに相互の妥協を課するものだった。

エルサレムから来たキリスト教徒のユダヤ人たちが非ユダヤ人たちとの共卓を拒否するということが生じて、危機的状況が現前する。こうした過度の敏感さが存在したことは、文書資料には認められるが、ディアスポラのユダヤ教の傾向に必ずしも対応するものではない。共通の救いよりも民族的・宗教的な違いのほうが優先していることに、パウロは憤慨する。彼はエルサレムにおもむいて、他の使徒たち——ペトロとヤコブがふくまれる——に対して、自分の立場を弁護した。そしてパウロが「異邦人——

つまり非ユダヤ人――の使徒」になるという、一種の「妥協策」に帰結したようである。そこでパウロは、第二回伝道旅行に出発し、エフェソ、テサロニケ、コリント、そしてアテネに行く。

II　テサロニケの者たちへの手紙（五一年頃）――宣教における諸問題

第二回伝道旅行の際にパウロはテサロニケに滞在し、そこでまずユダヤ人たちに、そして異邦人たちに、宣教を行なう。彼らは質素な生活をしていた者たちだったと思われる。なぜならパウロは、彼らが自分たちの手で働いていると書いているからである（第一テサロニケ書四：一一）。それからパウロはテサロニケを発ち、コリントに行く。するとまもなくパウロのところに、悪い知らせがとどく。迫害がおこったのである。この迫害は、宗教的な動機よりも、むしろ社会的な動機が大きな理由だったようである。そして幾人かの死者が出た。テサロニケの者たちは屈してしまったのではないか？　そこでパウロは、助手のひとりであるテモテを派遣する。テモテは、良い知らせと悪い知らせの両方をもって帰ってくる。テサロニケの者たちの信仰は揺るがなかったが、疑問が生じたのである。そこでパウロは、彼らの信仰を強化するために、手紙を執筆する。これが「テサロニケの者たちへの第一の手紙」である。

1　「テサロニケの者たちへの第一の手紙」

この手紙でパウロは、何度か調子を変えている。このために釈義家たちのなかには、少数派だが、この手紙をいくつかに分割して、それぞれが独立したものだったのであり、あとになってそれらが編集されて一つにまとめられたと考える者もいる。大きく三つの部分に、分けることができるだろう。

テサロニケの者たちが屈しなかったことが判明したための喜び（二：一三〜四：一二）——このことが判明したのは、テモテの報告による。それから「テサロニケの者たちへの福音の再確認」（二：一〜一二）。すべてが容易だろうとは約束しなかったこと、試練もキリスト教的生活の只中に存在することを、パウロはテサロニケの者たちに示す。

キリストの再来についての疑問への答え（四：一三〜五、一一）——テサロニケの者たちは、自分たちのなかから最初の死者たちが生じたことで、動揺している。キリストがまだ再来していなくても、死者たちは救われるのだろうか。こうした彼らの態度は、初期キリスト教において広範に広まっていた一つの信念——キリストの再来が近いこと——の存在の証拠になっている。パウロはこれに答えて、死者たちがまず復活し、生きている者たちとともに、キリストに出会うだろうと確認する。

共同体の一部のメンバーたちの行き過ぎた態度についての答え（五：一二〜二二）——熱烈な気分にあっ

たためにパウロは、キリスト教徒になれば容易な生活への道が開かれると思わせてしまったようである。そのために一部のキリスト教徒たちは、行き過ぎた態度をとるようになる。さまざまな忠告によってパウロは、こうした状態を鎮めようと試みる。

2 「テサロニケの者たちへの第二の手紙」

「テサロニケの者たちへの第二の手紙」については、十八世紀末以来、「著者性」の問題があるとされてきた。偽書――他人の名によって書かれた文書――であるとする議論の数は多い。なぜパウロは、第一テサロニケ書にこれほどまでに似た手紙を書いたのか。パウロがこうした手紙を書くことを良しとしたならば、なぜ彼は、長く複雑な文章をつくってスタイルを変更したのか。パウロはこの時点ではほかに一通の手紙しか書いていないにもかかわらず、手紙の末尾は「この挨拶は、わたしパウロ自身の手によるものである。このしるしは、わたしのすべての手紙を際立たせるものである」（第二テサロニケ書三・一七）と締めくくられている。これはなぜか。第一テサロニケ書におけるような鎮静の雰囲気が支配的だと思われるのに、なぜ彼はこれほど迫害にこだわっているのか。

この手紙の著者はパウロだという立場に立つならば、第二テサロニケ書は、迫害とキリストの再来について力説するための一つの手段だと考えられることになる。テサロニケの者たちの信仰についての感謝（一：三～一二）のあとパウロは、キリストの再来に先立つさまざまなしるしについての彼の教えを再確認し（二：一～一二）、さまざまな牧会上の忠告——とくに、怠惰についての警告——を行なっている。

この手紙の著者はパウロではないという立場に立つならば、この手紙が成立したのは一世紀末だと考えることも可能である。この時期に、キリスト教徒たちへの最初の迫害が始まった。神の王座にすわって、自分が崇拝されることを求める不敬虔な者（二：三～九）は、迫害を行なう皇帝（成立時期についての考え方により、ネロか、ドミティアヌスか）だということになる。パウロの流れのキリスト教徒がこの手紙によって、しるしについての判断を誤ってはならないこと、偽預言者を信じてはならないこと（二：三）、節度と希望をもって行動するのがふさわしいことを再確認して、使徒パウロの教えに活気を与えようとしていることになる。

Ⅲ　エフェソでの時期とキリスト教徒ユダヤ人たちに対する戦い

ギリシアでの旅のあとパウロはエフェソに落ち着いて、この地を自分の任務活動の後方基地にする。パウロは諸教会の長としてふるまい、さまざまな手紙によって、諸教会が直面するさまざまな危機に対処する。これらの危機のなかでとくに重要なのが「ユダヤ化」の危機であって、この名称はガラテヤ書でのパウロの用語に基づいたものである。具体的には、アンティオキアで諸勢力の平衡に変化が生じてパウロの立場が少数派になり、使徒パウロとのあいだに取り決められた「妥協策」が無効とされた。これ以降、「反対の立場の宣教者たち」が、エルサレム教会で通用していた過激な立場を回復させ、パウロのあとを追ってきて、諸共同体をエルサレムの立場に取り込もうとする。「諸国民の使徒」であるパウロはこれに対して、一連の手紙で対処する。これらの手紙においては、ユダヤ教の内部に区別が設けられており、のちにはこれが、ユダヤ教からの離脱の根拠とされるようになる。このためにパウロは、ユダヤ教から分離したキリスト教の神学者だと考えられるようになる。

1 「ガラテヤの者たちへの手紙」(五四〜五六年頃)

ガラテヤ人とは、アンキュラ――現在のアンカラ――の地方に住んでいる者たちで、バルカンからやって来たガリアのケルト人の子孫である。このガラテヤ人たちに対してパウロは、第二回目の旅の際に伝道を行なった。この伝道は偶発的に行なわれたものだった(パウロは病気のために、ここにとどまった)が、ガラテヤ教会の設立はパウロにとって、異邦人たちに対する彼の任務活動が正当なものであることについての一種の神的承認となっていた。ところがまさにこのガラテヤで、敵対的な宣教者たちが、異邦人出身のキリスト教徒たちにユダヤ的立場をとるようにと迫っていた。このために、共同体をユダヤ化しようとする者たちへのパウロの対応が、激しい調子になっている。痛ましい驚愕にみちた前置き部分（一：一～一〇）のあとパウロは、三つの点について反撃している。

自分が使徒であるのは正当なことだと、パウロは弁明する（一：一一～二：一四）——初期キリスト教の歴史を理解するためのこのうえなく重要な史料のひとつになっている物語によってパウロは、異邦人への伝道が自分の特権的な領域であることを示している。

信仰と律法を区別することでパウロは、敵対者たちに対立している（二：一五～四：三一）——ローマ書および第一コリント書にふくまれているテキストとともに、ここでの議論は、パウロの思想の中心的なものだと見なすことができる。律法についての内面化された尊重を奨励したイエスの立場を引き継いでパウロは、律法に対して信仰が優位にあることを確認する（二：一五～二一）。続いてパウロは、この立場を正当なものとするために、六つの議論を列挙する。①ガラテヤ人たちは、パウロの宣教の際に、霊の顕現を体験した。使徒パウロが彼らに律法のことを語っていなかったまさにそのときに、彼の教えが承認されたことになる。とするならば、信仰で充分であるのに、律法に従うことがどうして突如として必要になるのだろうか（三：一～五）。②聖書には（創世記一五：六）、アブラハムに与えられた祝福が彼の信仰に由来すると記されている（三：五～一四）。ところでアブラハムは、律法を知らなかった。律法は、モーセのときに到来した。③承認された遺言が後からの付加によって無効とされることはないのと同様に、アブラハムに対して、彼の信仰の名においてなされた約束は、あとから到来した律法によって無効とされることはない（三：一五〜二五）。④ガラテヤ人たちは自由へと招かれたのだから、どうして彼らが、律法の奴隷制のもとに屈するということがあるだろうか（三：二六〜四：一一）。⑤ガラテヤ人たちは、パウロを良く待遇した。どうしてパウロが彼らの敵になることがあるだろうか（四：一二〜二〇）。⑥宣教者たちは、彼らの説教で、アブラハムの二人の妻のことを引き合いにだしている。しかし彼らは、誤っている。仕え女であるハガルは、異邦人たちを表わしているのではなく、律法に服従している現在のエルサレムを表わしている。自由な女であるサラは、解放された天のエルサレムを表わしている（四：二一〜三一）。

パウロは、「これらの宣教者たちに反対する激励」と「キリスト教的自由の賞賛」によって締めくくっている（五：一〜六：一〇）。

この手紙では、「義とされること」および「神の義」というパウロにおける中心的問題が提起されている。最後の審判の際の神的慈悲についての黙示文学における描写の諸概念を、使徒パウロは継承していると、クムラン（死海文書）の発見以来、釈義家たちは一致して考えている。「神の義」は、イエス・キリストの到来および人びとがイエス・キリストにおく信仰によって、神が人びとを救うことである。したがって「義」という語は、報いとしての義のことではなく、救いのことであり、この救いによって神が欲するところに信じる者が「ぴったりと合う」ようになる。「義とされる」とは、神と人との新しい関係のことであって、この関係はキリストの到来によって実現可能になった。これ以降、人は、神の前で「義とされている」、つまり無罪とされている。この関係が、新しい基礎のうえで、出発する。

2 「フィリピの者たちへの手紙」（五四〜五六年頃）

パウロが自分は「囚人」だと述べていることに基づいて釈義家たちは、「フィリピの者たちへの手紙」はローマでの最後の牢生活のときのものだと考えてきた。しかしこの手紙は、むしろエフェソでの牢生活のときのものと思われる。この手紙では、フィリピの者たちとの近しい接触が前提となっている。フィリピはローマからは遠いが、エフェソには比較的近い。フィリピは、テサロニケの西方にあるローマ植民都市で、重要な商業の中心地であり、内戦ののち、「ベテラン」（退役軍人）たちが居を定めていた。この手紙には三つの大きなテーマが認められ、このために三つの別々の手紙があったと考える釈義家たちもいる。

牢にいるパウロに、フィリピの教会が送った援助についてのお礼（四：一〇〜二〇）。

牢にいる自分の個人的状況についての考察（一：一〜三および四：二一〜九）——この部分でパウロは、死と屈辱について、既存の賛歌を用いて彼が描きだすキリストの苦しみに、自分の苦しみをすでになぞらえて考察している。このことを通してパウロは、のちのキリスト教において無数に行なわれることになる「キリストの模倣」の考察への道を開いている。

フィリピ書にある賛歌については、数多くの注釈がなされている。この賛歌には、いくつもの疑問点がある。起源に関するもの。賛歌の元のものは、ギリシア語で作られたのか、アラム語で作られたのか。そこにどのような反響を見出すべきか、預言的なものか、グノーシス主義的なものか、智恵文学的なものか。「神の形態でありながら、〔イエスは〕神と等しいものであることを奪い取るべきものとは考えずに、それを打ち捨てた」という文句をめぐるキリスト論にどのような意味を与えるか。「肉化」（「神的形態」から「人間的形態」への移行）の動きが描きだされているのか。それとも二つの姿――神に似たものとして創造され、神の命令に違反して自分を高め、そして天国から追放されたアダムの姿、それから神の形態でありながら、自分を低めようとして、高くされた新しいアダム――の動きのことなのか。

教会における三つの分裂についての論争――パウロとともに働いた二人の女性、エボディアとシンティケのあいだの、教会内部での対立（四：二～三）と、おそらく教会への迫害を反映している外部との対立（一：二八～二九）と、パウロが「犬たち」と呼ぶ一部のキリスト教徒ユダヤ人の対立（三：二～三）である。

3 「フィレモンへの手紙」（五四～五六年頃）

この短い手紙においてパウロは、オネシモについて弁護している。オネシモはフィレモンの奴隷で、牢にいるパウロに会いにきた。フィレモンの家で集会がもたれている共同体に宛ててこの手紙が書かれており、したがってパウロは、オネシモの願いを公開している。そしてパウロは、フィレモンの事件を、キリスト教的兄弟愛の実践的な実例として位置づけている。オネシモはフィレモンの奴隷であるが、回心したことで、フィレモンにとって信仰における兄弟となった。

この手紙は「牢獄」の手紙の第二のものであり、成立時期は、ローマの時期でなく、エフェソの時期だとされることが多い。フィレモンと会うことにパウロが言及しており、フィレモンが住んでいるコロサイはエフェソから数十キロのところの町で、おそらくこのエフェソからパウロがフィレモンに会いに行くと思われるからである。

Ⅳ コリントの危機（五四～五七年頃）

二つのコリント書は、エフェソの時期に属するものだが、これらの手紙はそれ自体として考えられるべきである。コリント教会のさまざまな問題が、この教会に特有なものだからである。

コリントの教会は、パウロが設立した教会のうちで最も西に位置しており、これらの手紙のなかでパウロが見せている生き生きした様子からわかるように、パウロの心にとって大切な存在である。コリントの教会は、問題の多い共同体であり、ギリシア文化の知性主義的傾向と、富者出身の者と貧者出身の者が混じっていることが、特徴だった。この教会で一連の危機的状況が生じている。複雑な関係になっている手紙のやりとりにこのことが認められる。現在の「第二コリント書」は、実際にはいくつかの別々の手紙で構成されていると考えられる。

1　コリントでの最初の危機――「コリントの者たちへの第一の手紙」

パウロがコリントを発ったとき、コリントにはひとつの新しい活発な共同体ができていた。この共同体とパウロは、関係を絶やさなかった。三つの要因が、危機を生じさせることになる。コリント人たちとの文通から推論できるところによればパウロは、アポロという者を後継者にした。彼はコリントにおいて、大成功をおさめる。アポロはパウロよりも哲学的で、またパウロよりも弁がたち、雄弁を好むギリシア人たちのあいだで大きな人気を得た。このためにコリントで、「アポロの一派」が生じることになる。「パウロの者たち」と「アポロの者たち」のあいだに、重要な神学的相違があったと考えるべきだろうか。おそらく、その必要はないだろう。アポロは、「別の教会」をつくり出そうとはしていない。もっと些細なことが原因になっていた。アポロが教えていたキリスト教は、おそらく自分の好みもあって、また自分の教養からも、パウロのものより、ギリシア思想の影響の強いものだった。この第一の要因に、社会的区分の問題が並行して存在する。礼拝のときに、社会的上下が考慮されていた。第三は、福音のメッセージをコリント人たちが自分たちの物差しで理解してしまう、という問題である。パウロが彼に教えたキリスト教的自由――キリストが来てわれわれを救ったので、他の服従は重要でない――が、個人主義を勧めるものと理解された。同様に、新しい世界についての主張は、熱狂的な興奮の賛美として理解され、「異言を語る」といった神秘主義的現象が共同体で生じるようになった。

パウロは悪い知らせを受け取り、共同体を取り仕切るのを助けて欲しいという願いも届く。パウロは、一通の手紙をもたせて、忠実な助手であるテモテを派遣する。この手紙が「第一コリント書」である。この手紙は、二つの部分からなっている。第一の部分では、コリント教会の内部での動揺が直接的に非難されている。第二の部分では、コリント人たちのさまざまな疑問に対する回答の一種の「カタログ」になっている。

教会をたて直す（一：一〇～六：二〇）――手紙の冒頭では、共同体についての悪いうわさを受け取って生じた怒りにまかせてパウロは、結局のところ嘆かわしい結果になる手段、つまり皮肉という手段――を採用する。アポロに従った者たちについてパウロは、「立派な精神」をもつ者だと決め付けて愚弄し、信仰は智恵の問題ではないと断固として主張する（一：一九～二五）。すべてを理性的に考えようとするギリシア人たちの意図を、パウロは嘲笑する。知性のこうした高慢な態度に、パウロは「十字架の神学」を対置する。イメージ豊かなこの表現は、神の神秘についての新しい考え方を表わしている。神は最終的に、価値のないものを選んだ。したがって狂気が智恵になり、十字架につけられた者がキリストになる。神の弱さが、神の強さになる。こうした攻撃のあとパウロは、彼が知るところとなった不祥事を激しく非難する。コリントの教会にとっての三つの恥を、彼は一つずつ告発する。男が自分の父の妻と暮らしている（五：一）。異教の裁判所に訴えがなされている。恥ずべき動きを隠蔽するために、「すべてが許されている」というスローガンが用いられている。

質問に対する答え（一二：一～一五：五八）――この第二の部分でパウロは、彼に示された質問に答えている。七章、性の問題について。八章、神々に捧げられたあと、肉屋で売られている食物の問題。九章、彼の召命についての攻撃に対して、彼は反論している。一〇～一一章、共同体内部での差異について。一二～一四章、霊的な表現について。最後に一五章では、キリスト教徒の信仰の基礎であるキリストの復活の問題が扱われている。

2　コリントでの一連の危機――「コリントの者たちへの第二の手紙」

自分の手紙によって共同体が静まったとパウロは考えるが、コリントでは、さらに熱を帯びた雰囲気になっている。彼が送ったばかりの不器用な手紙は、人びとをパウロの側につけるのではなく、コリントの者たちの大部分はユダヤ化の傾向をもつ反撃の宣教に耳をかたむけようとしている。「第二コリント書」に示されている情報から推し測ることができること、それから「第一コリント書」から知られることによれば、パウロがテモテを派遣したのは、彼の第一の手紙と同じときかもしれない。あるいは、パウロ自身の人気の様子を探るために、手紙の少し前にテモテを派遣したのかもしれない（第一コリント書四：一四〜二一）。しかし教会のメンバーたちは、パウロを喜ばせるような状態ではなかった（第二コリント書七：一二）。そこでパウロは、テトスにもたせて、別の一通の手紙を送る。テトスは駆け引きがうまく、コリントの者たちをパウロ的諸教会の側に立ち返らせることを任務としていた。彼がたずさえていた手紙は、第二コリント書の全体なのだろうか。古くから釈義家たちの多くは、否定的な見解を示している。この手紙には、互いにあまりにかけ離れた強調点やテーマが共存しており、執筆の際にパウロの気分が変わったという議論は成り立たない。最初の七章は、手紙の末尾とはたいへん異なった調子になっている。また八章と九章は、諸情報が合致しており、これだけが独立したひとつのまとまりになっているようである。二つの別々の短信か、あるいは同一の短信の二つの版であって、エルサレムの貧しい者たちのための献金を求める内容になっている。したがって第二コリント書は、いくつかの手紙によって構成されたものである。手紙A＝八章。手紙B＝九章。手紙C＝二：一四〜一七：四。手紙D＝一〇〜一三章。手紙E＝一：一〜二、一三、七：五〜一六。手紙Cにおける調子のことを考えると、この部分がおそらくテトスが持っていった手紙である。

人びとの気持ちを静めるための手紙、手紙C――コリントの者たちが怒りっぽいことについて了解したパウロは、慎重に吟味して選択した言葉遣いで、このうえなく外交的な手紙を執筆する。手紙Cである。この手紙でパウロは、前線の分割の操作を試みている。「霊的な者たち」とキリスト教徒ユダヤ人たちとのあいだに深い溝があることを示して、両者を結びつけている戦略上の結合を崩そうとしている。「霊的な者たち」から借用した用語が用いられていることによって複雑なものとなっている章において、ユダヤ化主義者たちが望んでいるようなモーセへの復帰は、ばからしい企てであることを示そうとしている。出エジプト記では、神の代表的な仲介者であるモーセが、山の上での神の現存に由来する彼の顔の輝きによってイスラエルの兄弟たちの目を傷つけてしまうのを避けるために、自分の顔を覆った、とされている。パウロはこのテキストを（ある程度の故意の曲解を混ぜて）解釈して、この覆いは、この輝きが消えてしまっていることを隠すためにほかならないと主張する。そしてパウロによればこの覆いは、すべてのモーセ的な文書に広がっている。この覆いは、聖書の読み取りの際の覆いになっている。パウロは、自分の兄弟たちのために神の栄光によって目をくらまされることを恐れない。二つの党派の区別がはっきりしたのだから、パウロは対立について的確に判断することができる。すべては、個々人の問題にすぎない。したがってパウロは、自分の弁護を行なうことになり、使徒としての自分の任務を説明し、コリントでの自分の活動を正当化する。パウロはこの「プロ・ドモ」（自分自身による〔弁護〕）の弁護において、十字架の神学について中心的に論じている。パウロ自身は、資格のない受け皿、土の器にすぎない。彼の行動のすべて、彼の叱責、彼の活動は、キリストによって霊を与えられたものであって、あたかもキリストが哀れな仲介者である彼のうちに生きているかのようである。最後に、感動的な勧めの箇所でパウロは、コリントの者たちに自分を結びつけている愛情を認めている。

しかし、人びとの気分は、静まらない、手紙D——キリスト教徒ユダヤ人たちは態勢を立て直そうとして、彼らの使徒としての賜のほうがパウロのものより優れているということについて、共同体のメンバーの一部を説得することに成功する。パウロは、苦渋に埋没してしまう。そこで彼が書いた手紙である手紙Dは、皮肉と苦しみにあふれている。パウロの尊厳は、踏みにじられてしまったのか。ならばパウロは、自分の立場を正当化するだろう。最初の三つの章（一〇〜一二章）は、個人的な弁護になっている。パウロは、自分自身の権威を表明する。パウロの権威は、表面的な優しさと混同されてはならない。

コリントでの対立の解消に向けて？　手紙E——現在の第二コリント書の冒頭部分と六：五〜一六の部分でパウロは、平和的な調子を採用している。状況は鎮静化した。パウロが自分の弁護をしなければならないとしても、それは愛情に満ちた非難というべきものについてであって、パウロがコリントに来ることを約束したが、この約束を実行していないということについてである。パウロは、落ち着いて答えを述べる。彼が「身を隠した」のは、細かい心遣いのためである。パウロは、邪魔をしたくなかった。以前に送ったいくつかの手紙でのさまざまな勧めを実行に移してパウロは、コリントでの混乱の挑発者に寛大な態度をとることを勧める。彼らは皆の前で非難されたということで、すでに充分に罰せられている。

献金を組織するための二つの短信、手紙Aと手紙B——八章と九章には、エルサレム教会のための献金を組織するためにパウロがコリントの教会に送った二通の、その場限りの短信がおさめられている。エルサレムの教会は、ギリシアの教会よりも貧しい状態にあった。これらの短信は、エルサレムに対するパウロの態度の複雑さを示すものとなっている。エルサレムはパウロの任務活動にさまざまな点で対立しているが、このエルサレムとパウロはある種の結びつきを保とうとしている。

V　神学者としてのパウロ――「ローマの者たちへの手紙」（五七年頃）

パウロは、獲得した立場を辛抱強く堅固なものとするよりも、「前方への逃避」という戦略が得意である。そしてパウロは、自分の宣教のための新しい場を開くこと、ローマにそしてスペインに行くことを決心する。帝国の首都での滞在を準備するために彼は、ローマの共同体に一通の手紙を書くことにする。三つの目的がある。

――パウロはこの共同体からの援助を期待しており、その共同体に自分の教義を説明する。

――ローマの教会内部の対立を解決する（一四～一五章）。律法のいくつかの規定を拒んでいる「強い者たち」と、このことについて心配している「弱い者たち」のあいだの対立である。

――エルサレム教会のための募金を促進する（一六章）。

こうした目的のためにパウロは、他の諸共同体にも送った一通の「回状」を用いたのかもしれないし、この手紙がのちになって回状として用いられたのかもしれない。実際のところこの手紙には、テキスト上のいくつかの問題がある。最初の一四の章についてはすべての写本が一致しているが、一五章の一～

三三節については、その前に賛美の言葉が置かれ、末尾に「アーメン」が続いていて、ここで手紙が終わっているような雰囲気になっていることがある。そして一六章が別の位置にきていることがある。この一六章は、あとから付加されたように思われる。一六章には挨拶の長いリストが記されており、このような長いリストはパウロにおいては常ならぬことである。さらにパウロがローマの共同体をまだ知らないということを考えるならば、なおさらである。またパウロが長い挨拶をしているリストには、プリスキラ、アキラ、エパイネトの名があがっているが、彼らはエフェソの教会に属する者たちである。この手紙はエフェソでも用いられたのかもしれない。

ローマ書は、ルターが彼の改革の隅の親石として用いて、それ以降たいへんに重要なものとされており、このローマ書について解説することは本書の規模を越えてしまう。読書のための簡単な案内を示すにとどめることにする。

1 パウロの福音（一：一六～八、三九）

この最初の部分では、救いについてのパウロの考え方が要約されている。

確認：すべての人が罪を犯した（一：一八～三：二〇）――パウロは、人間の条件の「現状」の確認から始める。神が律法に従うならば、神はすべての人を、その者が律法に服従していようがいまいが、断罪しなければならないところである。異邦人は神に栄光を帰さず、自分の体と精神を侮辱している。ユダヤ人は、心がかたくなになっている（一：一八～二：一六）。律法があっても、ユダヤ人は律法を守ることができず、彼らに特権はない（二：一七～三：八）。ユダヤ人とギリシア人は、罪に屈している（三：九～二〇）。したがって人は、二重に脅かされている。人の自然的性質は腐敗している。それから、すべての人は罪の状態にあり、神の審判に服さねばならない。神がこの二つの脅威を取り払ったことが、これに続く部分で示される。

罪の状態の解決：すべての人は、キリストへの信仰によって、救われている（三：二一～五：二一）——罪は人を死に導くことになるが、この罪から人を救出するために神はイエスを送った（三：二一～二六）。したがって重要なのは、キリストにおける信仰だけである。アブラハムの物語が証明しているように（ガラテヤ書）、信仰だけで充分である（三：二七～四：二五）。したがって人は、神と和解しなければならない。なぜならイエスのお蔭で、人はこれ以後、赦されているからである（五：一～一一）。人は、新しいアダムであるキリストに続いて、新しい人として振る舞わねばならない（五：一二～二一）。

人の自然的性質の腐敗についての解決：洗礼と霊における生活（六：一～八：三九）——神は、一度だけ人を赦したのではない。人は新たに罪を犯すかもしれない。神は、洗礼と、神の霊の付与によって、人を最終的に修正している。洗礼は、キリストの死・埋葬・復活への参加を象徴的に表わしている。洗礼によって人は、罪に対して死に、神に対して生まれ、自由になる（六：一～二三）。人は、最初の状態に対して死んだので、人の最初の状態を管理している律法は、もはや無効である（七：一～六）。しかも律法は、それ自体は良いものだとしても、人を罪に追いやるような場合には有害である（七：七～二五）。したがって、神の栄光に参与するためには、肉の支配のもとにいるよりは、神の霊の支配のもとにいるべきである（八：一～三〇）。

2　新しいイスラエル（九：一～一一：三六）

パウロの福音の主張には、一つの困難な点がある。ユダヤ人たちの大部分は、なぜイエスを信じないのか。神は、イスラエルから離れたのだろうか。パウロは、三つの段階において答えている。

神は、みずからの慈悲に不忠実であることはない（九：六～二九）。

しかしイスラエルは、神の呼びかけに耳を傾けることを拒んだ（九：三〇～一〇：二一）――この事態は、逆説的である。イスラエルは、救いの希望を追い求めていながら、神の意志を無視している（九：三〇～一〇：四）。しかし聖書を通して、神が信仰を優遇するだろうことを、神がみずから告知していたのであり（一〇：五～一三）、現在においては、神はみずからの使徒たちを送っている（一〇：一四～二一）。

しかし神は、イスラエルの全体を救うだろう（一一：一～三二）――イスラエルから取り出された「残りの者たち」は、信仰を受け入れた（一一：一～一〇）。イスラエルがかたくなになったのは、神が欲したことではなく、イスラエルが消え去ることに帰結するためではなく、異邦人たちに注意が向けられることに帰結するためである（一一：一一～一六）。接木をするために枝落しをしたオリーブの木のように、イスラエルは再び強力なものとなるだろう。この接木とは異邦人たちのことであり、この接木がイスラエルを強くするのである（一一：一七～二四）。

したがってパウロは、イスラエルの回心の神秘についての瞑想（一一：二五～三二）と神への崇拝の賛歌（一一：三三～三六）によって、議論を締めくくることができる。

3　新しい共同体への指示（一二：一～一五：一三）

こうした理論的な議論ののちにパウロは、洗礼によって可能となった新しい生活に見合ったいくつかの実践についての提案をする。

共同体内部の生活のための規則（一二：一～一六）――キリスト教徒の理想は、自分を神にささげることである（一二：一～二）。したがって各人は、自分の準備状態に従って、共同体に参加し（一二：三～八）、相互の愛を実践すべきである（一二：九～一六）。

共同体と外の者たち（一二：一六～一三：一四）――愛は、非キリスト教徒たちにも、広げられるべきである(一二：一六〜二一)。世俗の権力を尊重すること(一三：一〜七)、愛を継続的に実践すること(一三：八〜一四)が然るべきである。

強者と弱者の問題についての解決(一四：一〜一五：一三)――「強い者たち」と「弱い者たち」が共に暮らすためには、誰も他者を裁かないこと(一四：一〜一二)、誰も他者の堕落の原因とならないこと(一四：一三〜一五：六)、キリストがすべての人を受け入れたように、各人が他者を受け入れること(一五：七〜一三)、が必要である。

4　結論(一五：一四〜一六：二七)

手紙の末尾には、いくつかの断片が集められている。「パウロの職務」について(一五：一四〜二一)、および彼の「旅の計画」について(一五：二二〜三三)の考察である。最初の一連の勧めと挨拶は、エフェソの教会に宛てられている(一六：一〜二〇)。この部分はおそらく、「エフェソへの手紙の末尾」になっていたのだろう。第二の一連の挨拶は、ローマの教会に宛てられている(一六：二一〜二三)。この部分はおそらく、「ローマへの手紙の末尾」になっていたのだろう。それから「ドクソロジー」(一六：二五〜二七)がある。

パウロが予定したことは、何も起こらなかった。ユダヤの諸教会のために自分の諸教会で行なった募金の成果を渡すためにパウロはエルサレムに立ち寄るが、これはローマに行く前である。エルサレムでパウロは、極端に敵対的な分派によって扇動者として告発され、ローマ人たちによって逮捕される。五八〜五九年頃のことである。使徒行伝によれば、彼は投獄され、数年たってからローマに連行される。そこですぐに亡くなったのだろうか（六二年頃）。それとも、何とか釈放されて、スペインに向けて出発し、ローマに帰ってきて、そこで殉教者として亡くなったのだろうか（六四〜六八年頃）。後者は、カイサリアのエウセビオス（『教会史』Ⅱ、二五）が報告している伝承が伝えるところである。

第二部　使徒以後の時代

六〇年から七〇年に教会は、混乱の状態に陥る。同時に生じたふたつの要素が、教会の安定を乱すことになった。使徒たちの大部分が死んだこと、ローマ人によってユダヤ人の反乱が鎮圧されたこと、である。後者は七〇年に、ティトゥスによる神殿の占領にいたることになる。この事件は、数多くのキリスト教徒ユダヤ人たちに関わっている。

ヘロデ大王の最後の後継者であるヘロデ・アグリッパが亡くなると、不器用で不誠実な総督たちが相ついでやってきて、ユダヤの住人たちを絶望的な状態に追い込み、動揺が増大する。暴動が増加し、抑圧が強まる。その結果、全面的な反乱が六〇年に開始される。これがのちに「ユダヤ戦争」と呼ばれることになる。六九年まではヴェスパシアヌスが反乱を抑えるが、皇帝となったために彼は、息子のティトゥスにエルサレムを攻撃させる。神殿が占領されたことによって、ユダヤ教内部の勢力関係が再定義される。サドカイ派は消滅する。キリスト教徒たちはペレアに、ファリサイ派はヤヴネに逃げる。まもなくファリサイ派は再組織を行ない、自分たちのユダヤ教をディアスポラのシナゴーグに押しつけようとする。それまでディアスポラのシナゴーグでは、多様な宗教的実践が行なわれていた。数年後に、シナゴーグに通っていたキリスト教徒たちは、ひとつの選択をせまられる。ファリサイ派的な新しい習慣に服従すべきか、それともシナゴーグとの断絶を受け入れるべきか。

この混乱の時期に、使徒たちの死という事態が生じた。ヤコブは石打ち刑で、六七年に没する。パウロは牢獄で、六二年から六八年のあいだに亡くなる。ペトロは六八年頃に殉教する。彼らがこうして姿を消したことは、上下関係の当初のあり方が覆るということ以上の意味がある。長い期間にわたって教会は、キリストの再来が迫っていると信じて、長期の見通しにおける体制をととのえることを躊躇していた。使徒たちの死とともに、こうした希望は実現しないことが判明し、時についてのキリスト教的な新しい考え方が出現する。待望の時期は長いものである。したがって、最初の世代の教えの記憶を保存しなければならなくなる。

使徒的な記憶を保存するためであれ、ファリサイ派に対して信仰を定義するためであれ、いずれにしても、茫然自失の七〇年代のあとに、数多くのキリスト教的文書が生まれた。旧約聖書が前五八七年における神殿の一回目の破壊が生んだ果実であるように、さまざまな点において新約聖書は、神殿の二回目の破壊の果実である。

第一章　マルコ福音書

伝承を信頼するならば、マルコ福音書は、使徒たちの死の時期にキリスト教に生じた記憶保存のプロセスに、ただちに参入したことになる。ヒエロポリスのパピアス（二世紀頃）によれば、マルコはペトロの秘書であり、パウロとバルナバの伝道旅行に随行したヨハネ・マルコである。新しいキリスト教徒たちのために彼は、教えについての自分の主人ペトロの記憶を書き記した。このことを知ったペトロは、この計画を承認した。こうしたことが事実であれ、虚偽であれ、この伝承は、福音書における記憶保存の計画のことがきちんと織り込まれたものとなっており、福音書のテキストの分析から引きだせるものと比較的よく適合している。最初の版は六四年から六九年のあいだに書かれ、第二の版は七五年頃に書かれたと思われる。最初の版では、「マルコ以前」のひとまとまりのテキストが資料として用いられただろう。そこには受難物語と、奇跡物語集があった。またこの福音書は、パレスチナのユダヤ教と関係のない共同体に宛てたものである。たとえばローマの共同体が、こうした場合にあてはまりうる。ユダヤ人たちの習慣が説明されており（七：三〜四、一四：一二、一五：四二）、アラム語が翻訳されている（三：一七、五：四一、七：一一〜三四、九：四三、一〇：四六、一四：三六、一五：二二〜三四）。民衆的なテキストであり、用いられているギリシア語は粗く、ときとして曖昧であって、口頭のコミュニケーションのあり方に大きく影響されている。土着的色彩がうまく描きだされており、物語ることを好むある種の感覚が示されている。「神の子イエス・キリストの福音の初め」という冒頭の言葉は、福音書の目的を示すものとなっている。この書では、福音が問題とされており、それは神の子の福音である。

I　福音書——新しいタイプのテキスト

マルコに帰されているテキストを分析する前に、キリスト教独自の文学ジャンルである福音書とは何かを、理解する必要がある。そのためには、当時のユダヤ教の枠内におけるキリスト教の特殊性がどのような要素から成り立っているかを、確認する必要がある。それは、自分の民への神の介入についての約束が、族長たちに対してなされ、預言者たちが再び言及していたが、この約束が実現しつつある、ということである。したがってキリスト教徒たちには、告知すべき知らせ——良い知らせ——があった。

「良い知らせ」というのが、ギリシア語の「エウアンゲリオン」の意味である。

おそらくマルコ福音書の冒頭のテキストに影響されて、二世紀になると、この文書の内容――この「良い知らせ」の告知の物語――を描きだしていたこの名が、文書そのものを指す名とされるようになった。意味のこうした横すべりが生じたこと自体が、福音書というジャンルを定義することの難しさを物語っている。

1　ギリシア・ローマの伝記の模倣としての福音書

ギリシア・ローマのある種の伝記――プルタルコスの『英雄列伝』(五〇～一二五年頃)や、ディオゲネス・ラエルティウスの『哲学者列伝』(三世紀)のことを考えている――のように、福音書では、出自・活動・言葉・死におけるひとりの人物の姿が、彼を賛美する方向において示されている。こうした伝記は、歴史についての古代的な考えのあり方を示すものとなっている。すなわち、年代的な正確さよりも、教訓的で、つじつまがあっていることが優先されている。伝記のなかには、「神的な人」――「テイオス・アネール」――のテーマが繰り返し現われるものがある。「神的な人」の目覚しい性格は、単なる死すべき者を超越している。たとえば、クレタ人エピメニデスは、神的であり、浄めを行なう者であり、古い儀式に通じていたために、「神的な人」とされることが多かった。またテュアナのアポロニオスは、理想的な賢者であり、新しいピタゴラスだった。

2　預言書の模倣としての福音書

福音書と、エレミヤ書のようなある種の預言書とのあいだに、別の並行関係を考えることができる。エレミヤ書には、召命の物語があり（一：四〜一〇）、エレミヤの預言的な言葉と行為、彼が与えた警告、そして一種の受難物語（エレミヤ書二六章、三七〜三八章）、が記されている。

3　ケリュグマとしての福音書

もし福音書が物語ならば、これは「神学的な物語」である。この物語のすべての要素は、イエスが至高の者であることを証明し、神の国の到来についての彼の教えを明示する、などのために配置されている。したがってあらゆる行為に、神学的な解釈を適用できることになる。ヨハネ福音書におけるカナの婚礼の奇跡は、メシアの出現に関するイスラエルの待望について説明している。さまざまな奇跡物語は、メシアの到来が癒しの実現をともなうだろうという預言者の言葉を、具体的に示している、などである。こうしたケリュグマ的な特殊性があるために、福音書を歴史的年代記として用いることが、このうえなく困難になっている。なぜならさまざまな事実が、物語の構成を支配する神学的目的に沿って、再構成され、解釈され、削除されたりする可能性があるからである。

4 下部の諸ジャンルを含むものとしての福音書

福音書がその内部に他のジャンルを含むことができるということ、福音書が一種の「上部ジャンル」になっているということは、福音書というジャンルのさまざまな特殊性の一つである。数多くのカテゴリーを、指摘することができる。

物語——奇跡物語。物語によって具体的に示された言葉（たとえば、マルコ福音書一〇：一三「子供たちをわたしのところに連れてこい」）。挿話によって具体的に示された言葉。受難物語。

演説——たとえ（神学的な言葉についての物語や比喩による説明）。格言。宣教の言葉。説教。

5 証しとしての福音書

福音書は、イエスを直接に知っていた者たちの思い出を想起しようとするグループの証しとして作成されたが、共同体のさまざまな信念・理解・信仰の証拠としての意味もある。どんな証しにも共通することだが、証しには、それを受け入れる側が共感をもって受け入れることが前提となっている。証しを受け入れるためには、少なくとも部分的には、証人の言うことに同意しなければならない。しかしこうしたことがあっても、ある程度の吟味――歴史的吟味を含む――の余地がないのではない。証しは、歴史に刻まれ、伝統において承認された経験に基づいたものである。証しのこうした機能を考えるならば、福音書が複雑な位置にあることが理解できるだろう。福音書は、歴史的批判の対象となりうる。しかし単なる歴史的文書には還元できない。福音書に参入する態度がないならば、読者は、福音書がキリスト教徒たちにとってどんな意味をもったかを理解できないだろう。

II　神の子の福音書

マルコ福音書において初めて、神の国とイエスの神性とが結びつけられた。マルコにとっては、信仰の領域におけるひとつの明白な事実から、すべてが出発している。神は自分の唯一の子を送ったのだから、神はこの世に介入することにしたのである。イエスは彼の生涯そのものを通して、神の意図を示している。おそらくこのためにマルコは、福音書というジャンルを「創始」した。イエスのさまざまな行為は、それ自体が神的な性格のものであり、イエスの生涯は、イエスが神の子であることを証明している。

1　福音書の構成――イエスの神性の啓示

ヨルダン川でのプロローグ（一：一～一三）――冒頭においてすでにマルコは、読者に秘密を打ち明ける。イエスが神の子であると、ただちに確認されており、イエスに洗礼を授けた洗礼者ヨハネがこのことについての証言を行なっている。

メシア的性格への抵抗（一：一四～八：二七）――ガリラヤでの活動の当初から（一：一四～四五）、イエスは神の国の到来を告げる。しかしさまざまな障害が、次々と立ち現われる。律法学者やファリサイ派の者たちと対立し（二：一～三：六）、イエスは引きこもらねばならない（三：七～三五）。そこでイエスは、宣教の別の方法を開始する。たとえによって（四：一～三四）や奇跡によって（四：三五～五：四三）、また別の宣教や奇跡によって（六：一～一三）である。しかし、さまざまな問いかけや行為にもかかわらず、弟子たちはイエスが誰なのかがなかなかわからない（六：一四～八：二八）。

最初の信仰告白――ペトロの告白（八：二七～三〇）。

メシア的苦しみへの抵抗（八：三一～一〇：五二）――告知されていたメシアがイエスであることを弟子たちは認めたかもしれないが、このメシアが苦しむメシアであることが、彼らにはなかなかわからない。しかしイエスは、自分の苦難についてあらかじめ述べ（八：三一～一〇：五二）、自分の変貌した姿さえ示した（九：二～八）。ガリラヤを発って、イエスはエルサレムに向かう（一一：一～一二：四四）。エルサレムでイエスは、自分に定められたことを成就しはじめ、自分の活動を、終末論的な演説（一三章）と、過越祭の儀式を行なうこと（一四章）とで、締めくくる。この過越祭の儀式はひとつの契約の締結としてとり行なわれる。

イエスは、苦しむメシアとしての自分の定めを成就し、復活する（一四：四三〜一六、八）――この部分は、第二の信仰告白――百人隊長の信仰告白――（一五：三九）と、空《から》の墓の発見のエピソード（一六：一〜八）で、締めくくられる。

2　イエスのペルソナのパラドックスを示す福音書

福音書の物語を通してマルコは、並置された一連の姿をイエスに与えており、イエスのペルソナの複雑なあり方を示すことになっている。

預言者としての姿――ひとりの預言者としてイエスは、三つの姿で示されている。群衆に説教をする律法学者、最後のときを告知する終末論的預言者、奇跡の実行者、である。

メシアとしての姿――預言者であるイエスは、メシア、神の子、としても示されている。しかし三つの要素が、この姿を混乱させている。一つ目はメシアの秘密である。イエスは、悪霊や癒された病人に同定されると、彼らに沈黙を命じる。第二部では、ヤイロの娘の復活の証人たち（五：四三）、変幻の証人たち（九：九）にも、沈黙を命じる。次に苦しむメシア。初期の預言者たちにおいてメシアは、イスラエルの軍隊の勝ち誇った王であるとされていた。第二イザヤにならなければ、苦しむメシアの姿が現われはじめない。弟子たちは、この苦しむメシアの姿を理解しない。そして到来するメシアである。すべての終末論的な演説においてイエスは、神の国の到来を完了させるために自分がまもなく再来すると告知する。再来についてのこの約束が、キリスト教におけるあらゆる黙示的な思索を培うことになる。

3　釈義上の問題――マルコ福音書の末尾（一六：九～二〇）

さまざまな聖書の多くに印刷されているマルコ福音書の最後の部分では、復活のイエスの顕現のことが語られているが、この部分にはテキスト上の問題がある。この部分は、すべての写本には記されておらず、いくつかの写本ではたがいに異なった文章が記されている。オリゲネスに従ってカイサリアのエウセビオスは、彼の『福音書の問題』のなかで、最良の写本には九～二〇節が記されていないと報告している。この最終部分はマルコ福音書の元のものには存在せず、著者にとっての物語の終結が途切れたような印象を与えるものになっている状態を緩和するために二世紀になって付加されたと、釈義家の大部分は見なしている。

第二章　パウロ的諸教会の覚醒

パウロの生涯は目立たない形で終わることになったが、七〇～八〇年の大きな動揺があったために、パウロが設立した諸教会はかえって立場を強めることになった。キリスト教の諸共同体は、神殿とのつながりを失い、エルサレム教会の支配から自由になったために、自分たちの立場を自分たちで確定しなければならなくなる。異邦人たちに開放的だったパウロ的な方向が有力な選択肢として期待されることになり、またこの方向は、パウロの死の頃よりも現実的に実現できるものとなっていた。こうした復興の機に乗じてパウロの後継者たちは、パウロの思想を解説し、またパウロの思想を継続することになる一連の文書をつくりだす。

Ⅰ　パウロの神学を継続する――コロサイ書とエフェソ書

1　新約聖書における偽書の問題

コロサイ書とエフェソ書については、第二コリント書についてすでにいくらか触れたものと同じ問題が存在する。偽書の問題である。これは、福音書やヨハネの手紙の場合のように、これらの文書の著者として可能性があると思われる者が、後世になって、結局のところこれらの文書の著者とされてしまう、という問題ではない。他人の名前において文書を書いてしまう、という問題である。こうしたことは、ユダヤ教においても、また異教世界においても、古くから行なわれていたことで、また珍しいことではなかったようである。ソクラテスやモーセの名での多くの手紙、エノクの黙示的な文書、プラトンの「偽の」文書など、が存在していた。こうした状態についての昔からの一連の考え方は、放棄すべきだと思われる。騙そうとする意図があるとか、古代の人たちは知的財産についてほとんどなんの考えももっていなかったとか、古代の著者たちは偉大な人物からの霊感を自分たちが受けたと感じていて、その偉大な人物が述べることをそのまま書き記していたようなものだ、といった考え方である。そうではなくて、たとえばパウロの後継者たちは、パウロの思想を新しい状況に適応させながら、パウロの著作をさらに継続させ展開させようとしていたのである。

2 「コロサイの者への手紙」

この手紙は、パウロが自分のことを「牢にいる」と言っているために、伝統的には、ローマで監禁中のパウロが書いたとされている。しかしこの手紙の成立は、七〇〜八〇年のことと考えるべきである。小アジアの、エフェソから二〇〇キロメートルのところのリカスの谷にある町（現在のパムッカレの近く）に宛てられたもので、三つの目的が認められる。

パウロの神学を継続する——キリスト論と救済に関して。伝統的なパウロ主義に、キリストについての新しい考えが追加されている。キリストは創造の中心にあり、すべてを支配している（一：一二〜一九）。悪の諸力の権威に屈している人の離反、およびキリストによる和解についての、教義の再定義がなされており、また洗礼をこの移行の儀式的実現とする新しい理解がなされている（三：一〜一七）。また終末論も、キリスト教徒に「隠されていて」そして「明示される」神秘という言い方によって再定義されている（一：二四〜二、七）。

パウロの地位を高める——この手紙で「パウロ」は、教会に対するキリストの神秘の「本物の啓示者」

とされており、パウロはもはや単なる「諸国民の使徒」ではない。

共同体を脅かす一連の逸脱に対処する（二：八〜二三）——君主たち、有力者たち、天使たちといった仲介者たちに対する崇拝、季節ごとの儀式を行なうこと、また禁欲主義の傾向を、著者は非難している。こうしたなかに、コロサイにおいて流行っていたグノーシス主義やある種の神秘崇拝に対する批判が認められる。

コロサイ書にはこのほかに、釈義家たちが長きにわたって議論を重ねてきた二つの断片がある。

キリスト論的賛歌（一：一五〜二〇）——おそらく昔からあった断片で、それが写されたのだと考えられる。智恵文学から想を得て、あらゆる創造に対するキリストの先在のあり方が述べられている。また人間たちと神の和解についてのユダヤ教における思索からも影響を受けているかもしれない。グノーシス主義、またヘルメス主義的思弁に近い言葉遣いになっていることが、この箇所についての解決困難な主要な問題のひとつになっている。

家組織の掟（三：一五〜四：一）——当局・両親・兄弟・配偶者に対する良き態度についての規則のリストをあれこれと作っていた民衆的な思索を受け継ぐもので、この部分は、家組織における「キリスト教的」な振舞いについてのリストになっている。パウロの文章の一部から想を得ているが、時代の好みに合わせたものになっており、神に対するすべての者の服従を範にとって、夫への妻の服従、親への子の服従、当局へのキリスト教徒たちの服従が、勧められている。

3 「エフェソの者への手紙」

エフェソ書も「獄中書簡」のひとつとされているが、コロサイ書の場合よりも著者性の問題が先鋭である。なぜなら「パウロ」は、エフェソの者たちを知らないかのようにして、彼ら宛てに手紙を書いており(一：一五、二：一、三：一)、また「エフェソの者たちへ」という言葉はいくつかの良質の写本にしか記されていないからである。この手紙は、実は、「ラオデキアの者たち」への手紙であるか、またはアジアの諸教会への回状だったのではないか、と考えてみることもできる。いずれにしても、この手紙が偽書であることは確かであり、コロサイ書の書き直しではないかと思われるほどに、コロサイ書の立場を引き継ぐものになっている。この手紙では、キリスト論的な思想が、終末論的な思索で締めくくられている。なぜなら、キリストの神秘の啓示の特権的な場所は、キリストが頭《かしら》であるところの教会だからである(三：一～二一)。この手紙は静かな調子で書かれており、教会が至高の和解の場とされている。ユダヤ人たちと異邦人たちは、唯一の体である教会において和解させられている(二：一一～二二)。またこの手紙は、勧告の手紙でもあり、キリスト教徒たちは自分たちへの召命にふさわしい生活をおくるようにと求められている(四：一～六：二〇)。

II　パウロの任務活動を非ユダヤ人たちに対して正当化する――ルカの著作

ルカ福音書と使徒行伝はひとつの作品を構成しており、このことは著作のなかでも告げられている（使徒行伝一章を見よ）。この文書は伝統的に、ルカに帰されている。ルカは教養のあるギリシア人の医者で、パウロは彼の名を引用しており、ルカはパウロの影響下に著作活動をしたと考えられる。ルカがヘレニストのキリスト教徒たちに語りかけていること、彼が優雅なギリシア語で書いており、語り手として本格的な才能があることは明らかである。また数多くの新しい点を認めることができる。たとえば、パウロの神学において素描されていたことでもあるが、聖霊が日常的に侵入しているとされていることである。したがって、文書の全体がパウロの没後に書かれたとする古い時代（四世紀より以前）の立場は、現実的だと思われる。ただし成立時期をさらに進めることが適切である。なぜなら、ルカ福音書の立場はマルコ福音書の立場に近く、したがって成立時期は七〇～八〇年のあたりと考えられるからである。背後にある共同体が何なのかを知ることはできないが、テキストの内部についての検討から、この共同体はパウロに結びついたもので、ヘレニズム文化の強い影響を受けていたと考えられる。福音書がアカイアで書かれたとする二世紀の序文を、信頼すべきかもしれない。著者は、資料として、マルコ福音書のほかに、Q資料、それから、おそらく最初に執筆されたテキスト（「プロト・ルカ」（原ルカ））に基づいたルカ独自の資料を使うことができただろう。使徒行伝については、すべてがルカ独自の資料に由来しており、この資料は、アンティオキアの伝承、それから「私たち」という人称が保存されているいくつかの部分（一六：一〇～一七、二〇：五～一五、二一：一～一八、二七：一～二八：一六）については旅日記によって構成されていた。

1　ルカの著作の目的

福音書と使徒行伝からなる文書全体の目的は、ヘレニストの立場を擁護することである。キリスト教徒は、ユダヤ人出身であろうが異邦人出身であろうが、ユダヤ教の延長上に位置しており、約束を引き継いでいる。異邦人への門戸開放は、この約束に含まれていたことであって、約束はこれ以降、キリスト教徒に託されている。この神学的計画は、二部構成で実行される。福音書では、ユダヤ教の聖なる諸文書に記されたユダヤ教の教えにイエスが忠実であることが示され、預言のさまざまな告知の実現においてイエスがどのような場を占めているかが確定される。使徒行伝では、イエスの教えに使徒たちが忠実であること、異邦人たちのほうに向かうようにと霊が彼らに要請していること、が示される。こうした神学的計画は、地理的な広がりに対応している。福音書では、ナザレから、ダビデの町ベツレヘムへ、そしてエルサレムへと、読者が導かれる。使徒行伝で読者は、エルサレムから、異教の都であるローマへと導かれる。

このような目的は、著作の構成にも認められる。

ルカ一〜二章――「子供時代の物語では、イエスの二重の出自が示される」。イエスは神の子であると同時に、ダビデの子すなわちユダヤの民の希望を相続する者である。

ルカ三：一〜九：五一――「ガリラヤでの、神的出自の提示」。洗礼、誘惑、ナザレでの演説が含まれている。ユダヤ人／異邦人という二項対立は、ユダヤ人たちのところでの宣教（五〜六章）、および異邦人たちのところでの言葉（七〜九章）によって導入されている。ユダヤ人たちのところでの宣教は、ペトロの信仰告白にいたり、異邦人たちのところでの言葉はローマの百人隊長の信仰告白にいたる。

ルカ九：五一〜一九：二八――「ガリラヤからエルサレムへの旅が、神の神秘を啓示する」。神の神秘についての最初の宣教（九〜一三章）では、「キリストとは誰か」という疑問に答えが与えられ（九〜一一章）、人間の弱さがあばき出される（一二〜一三章）。その後にイエスは、聖霊について（一四〜一六章）、そして神の国について（一七〜二一章）、説教をする。

ルカ二〇〜二四章――「エルサレムにおける、神秘の実現」。受難、埋葬、復活、任務活動、昇天。

使徒行伝一：一〜一五、三五――「エルサレムからアンティオキアへ、ペトロの行伝」。多くの場合ペトロが中心人物である一連の出来事では、キリスト教徒たちがイエスの宣教を引き継いでいることが示されている。ペンテコステの出来事が、ユダヤ人／異邦人の区別の終焉をはっきりと示すものとなっていて、任務活動が開始される。教会が創設されることが示される。そこでは小さな共同体についてと、ユダヤ人への宣教についての描写がなされ（一・一〜一一・二六）、ついで異邦人への宣教についての描写がなされている（一一・二七〜一五・三五）。

使徒行伝一五・三六〜二八・三一――「アンティオキアからローマへ、パウロの行伝」。物語は、旅の物語という形で継続し、パウロが中心人物である。舞台は、エーゲ海周辺（一五・三六〜一九・二一）、それからエルサレムからローマへ（一九・二二〜二八・三一）と移り、異邦人への門戸開放の幅が次第に大きくなっていることが特徴となっている。またユダヤ人たちがキリスト教徒の仲間に加わるようにとの希望が捨てられていない。

2 ルカ文書の主な特徴

ルカの作品は、パウロの神学およびアンティオキアの神学の影響を受けており、いくつかの特徴がある。

イエスの姿が、特別である――マルコでは、イエスに接する者たちの反応に基づいてイエスの姿がつくりだされているが、ルカでは、三つの面をもつ終末論的次元において、イエスの姿がつくりだされている。子供時代の物語でイエスは、人となった神とされており、「肉化」の神学の根拠となっている。残りのテキストでは、ユダヤの希望を成就する者としての役割がつねに強調されている。パウロの影響下においては、イエスが「救済者」、そして「主」として提示されている。

非ユダヤ人のための救済の強調――パウロの立場を引き継いでルカは、律法の尊重よりも信仰が優先することを強調する。このことは、異邦人においてばかりでなく、サマリア人にもあてはまる。サマリア人は、古い北王国の民の子孫であり、ユダ地方の者たちから軽蔑されていた（「良いサマリア人」のテーマ）。

霊と祈りの神学――ユダヤ教の書物で神の霊は、神の意志を地に伝え、歴史における神の計画を明らかにする神の力を表わしている。ルカにおいては、これよりも個人的なもので、自分の父とのあいだにイエスがもっているつながり、キリスト教徒たちがイエスとのあいだにもっているつながりのことである。またルカ文書は、祈りの福音書だと言われたりしている。祈りは、霊の活動の特権的な「場」である。この霊の神学は、これに続く時代において、霊が三位一体（父なる神、子なるイエス、聖霊）の一つの格（ペルソナ）とされることに帰結する。

III　共同体の再組織化――牧会書簡

パウロ的教会の覚醒と同じ時期に、牧会書簡が執筆された。パウロ的教会の責任者たちにとって、共同体の組織化が必要となっており、これらの手紙は、この問題に答えるものとなっている。

1　牧会書簡の著者たち

牧会書簡は、パウロの権威の下におかれているが、パウロが著者だとしてしまうことはできない。文体、神学、教会組織についての考え方が、かなり異なっており、こうしたことは、この文書が遅い時期（八〇年頃、あるいはそれ以降）のものであることを示している。宛名人であるテモテとテトスが実際の著者であり、こうした手紙は、パウロの権威の継承者としての彼らの立場を固めるためのものだと、主張されることも少なくなかった。これらの手紙の宛先になっている共同体についても、あまりよくわかっていない。エフェソか、クレタ島か、テサロニケか。

である。

2 牧会書簡のおもなテーマ

牧会書簡である三つの手紙には、共通の関心がある。キリスト教徒たちの社会的生活を規制することである。

キリスト教徒の家を、ローマ的社会秩序のなかに位置づける（第一テモテ書五：一〜六：二、テトス書二：一〜一〇）——家族生活の本質が、「ピエタス」（親に対する子の義務）に存すること、キリスト教徒たちが社会的上下関係を尊重すること。男は女よりも優れている。老人は若者よりも優れている。主人は奴隷よりも優れている。こうした規則は「家組織の規則」に、まとめられている。

教会の上下関係を尊重する——監督者と長老が権威の源泉となっており、彼らは尊重されねばならない（第一テモテ書四：一四）。助手が、制度化されるべきである（第一テモテ書三：八〜一三）。また「やもめたち」も同様である。ただしこの教会的な職務が何なのかは、よくわかっていない（第一テモテ書五：三〜一六）。

教会における教えを取り締まる——真の教えは、使徒的伝統に存している（第一テモテ書一：一一）。それから、偽預言者たちに警戒しなければならない。「パウロ」が激しく非難している敵たちが、どのような者たちかをはっきりさせるのは困難である。ユダヤ人出身のキリスト教徒たち、グノーシスとユダヤ教を結びつける折衷主義（「折衷主義」とは、二つの宗教の混淆のこと）、神秘崇拝のメンバーたち、などではないかという提案がなされている。

霊感の理論の始まり（第二テモテ書三：一五〜一六）――「聖書のすべては神の霊感を受けており、教え、反駁し、立ち直らせ、義なる者になるよう養成するうえで、有益である」。ここでの「聖書」が旧約聖書であること、キリスト教的釈義が正当であるとこのテキストで主張されていること、は明らかだと思われる。しかしギリシア・ローマ的な宗教から引き継いだ「霊感を受けた」という用法を用いることによって、著者はキリスト教神学の方向を決定づけた。

第三章　ユダヤ人キリスト教徒たちの反撃

シナゴーグにおけるユダヤ教徒の仲間たちが迫害と侮辱を受けたことについて、ユダヤ人キリスト教徒たちも自分たちの立場をはっきりさせねばならなかった。ふたつの方面で、戦う必要があった。ヘレニストの側に対しては、逸脱だと思われるような事柄を訂正する必要があった。キリスト教徒でないユダヤ人たちに対しては、キリスト教的実践に確固とした根拠があることを示さねばならなかった。

I　極端なパウロ主義の行過ぎへの批判――「ヤコブの手紙」

この手紙は伝統的には、イエスの「兄弟」であるヤコブに帰されている。成立したのは、おそらく八〇年代だろう。この文書は手紙というより、「ディアトリベ」という方法を用いた説教である。「ディアトリベ」とは、修辞上の一つのスタイルで、目立ちやすいイメージや表現、傍聴者への訴えかけなどが好んで用いられる。旧約聖書、智恵文学、ユダヤ教の判例からの引用（ヤコブ書二：一〇）が示すように、この文書を書いたのはユダヤ人出身キリスト教徒である。この文書は三世紀までほとんど用いられなかったが、長い議論のあと四世紀になって受け入れられた。ユダヤ人キリスト教徒たちの立場が示されており、パウロ主義の異常な一形態が批判されている。

1　誤解されたパウロ主義への批判

この手紙では、パウロ的影響が認められるある一つの教会のいくつかの側面が批判されている。**教会における、金持ちたちの優遇**——ヤコブが非難している共同体では、金持ちたちによい待遇が与えられ、貧しい者たちが圧迫されている（二：一～九）。これは、コリントのパウロ主義の教会に関してパウロ自身が批判していたのと同様の問題である。

業《わざ》に対して信仰を優先させることが、咎むべき放縦に結びついている——「ヤコブ」はここで、パウロ主義の「下手な模倣」とでも言うべき形態を非難している。パウロ主義的文脈から見つけてきた「信仰は業に優る」という定式のために、一種の放縦に行き着いてしまっている。

誰もが教えを与える、という状態になっている——この教会のメンバーたちは、自分たちの霊感の気まぐれに従って、教えを行なっている。このためにさまざまな逸脱が生じており、それらをヤコブは禁止しようとしている。これはシナゴーグでの習慣に反することであり、おそらく、カリスマ的な実践に倣ったものである。こうしたカリスマ的な実践についてはパウロ自身が、第一コリント書で非難している。

2 ユダヤ教の影響が刻印されたキリスト教の促進

こうした逸脱についてヤコブは、ユダヤ教の諸原則を持ちだして対処しようとする。

信仰についてのユダヤ教的考え方――「シェマ・イスラエル」（申命記六：四）に示されている一神教への信念を持ちだして、ヤコブは信仰を定義しようとしている（二：一九）。

律法による救い――パウロは律法を放棄したのだと、思われる。これに対してヤコブは、律法の優先性を強調する。彼がとくに強調するのは、「自分のように自分の隣人を愛する」という、彼が「王的な掟」と名づけている実践である。律法の業がないなら、信仰は死んでいると、彼は主張する（二：一四～二六）。

Ⅱ　ユダヤ教からキリスト教への継続性を弁護する――「マタイ福音書」

マタイ福音書は、シナゴーグでの待遇が悪化してきたユダヤ人出身キリスト教徒たちの懸念を表現するものとなっている。キリスト教とユダヤ教のあいだには根本的な違いはなく、しかもイエスは、歴史のなかでユダヤの民になされていた約束を成就し、ユダヤの民を引き継いだのである。著者は、ヤヴネを本拠とするラビ的ユダヤ教に対抗するものとしてキリスト教を示そうとしている。すでに述べたようにヤヴネには、エルサレムから逃げてきたユダヤ人教師たちが非難していた。著者には、聖書の知識、ファリサイ派のユダヤ教の知識がある。異邦人たちへの本格的な開放性が示されており、また、イエスがファリサイ派たちと公然と対立する様子が示されている。

ユダヤ人出身の著者によって、おそらく七〇年代に執筆された。最終的な版が世に出たのは八〇年代である。なぜなら、七〇年のエルサレムの火災のことが暗示されているからである（二二：七、二三：三五～三六）。この福音書は、パピアスが触れているアラム語のテキストを書き直したものかもしれない。アラム語のテキストは、文体上の言い回し、繰り返し、並句、挿入、数のそろったまとなり、などに窺われる。宛て先の共同体がどのようなものかは、正確にはわからない。アンティオキアか、シリアの別の町か。ただし、異邦人たちに門戸を開いていた古くからのユダヤ的キリスト教の共同体だと考えて、問題ないだろう。またマタイ福音書については、一連の書き直しが行なわれて、われわれが知っているのはその最終的な形態のものだけであり、つまり現在のマタイ福音書がこの最終的な形態のものである可能性が大きい。

1　三つの点における証明

教会を受け入れさせるためにマタイ福音書の著者は、三つの点を強調しながらイエスの物語を再読する。

イエスはメシアである——家系によれば、イエスはダビデに結びついている（一：一〜一七）。また、目覚しい出来事が、誕生をめぐって生じた（一：一七〜二：二三）。さらに、旧約聖書からの一連の引用がなされて、イエスが行動と言葉によって聖書を成就していることが、証明されている。こうしてマタイ福音書では、イエスが、イスラエルの民が待ち望んでいるメシアであることが示されている。

ユダヤ教の律法は、「キリスト教的な行動」によって延長されている。「キリスト教的な行動」の特徴は、「イエスに従う」という言い方によって表現されている——テキストの多くの箇所で、イエスのある行動は、預言的な神託を成就するために行なわれた、と述べられており、イエスがこのように聖書を成就していることはとりもなおさず、イエスがユダヤ教の律法を成就していることでもある（五：一七）。したがってこれ以後は、「イエスに従うこと」、つまりイエスの振舞い、イエスの律法解釈を真似ることが、律法の代わりになる。イエスはいわば肉化した律法であり、これを模倣するべきだとされている。

教会は「選ばれた民」を引き継いでおり、神の国を準備し、契約を成就する――マタイ福音書は、「教会的」な福音書であると同時に、「神の国」の福音書である。イエスは彼の宣教において、「神の国」――つまり神による地の直接的な統治――の到来を告知している。神は下界に直接的に介入し、イエスを弁護する。そして「イエスに従う」者たちの共同体（ギリシア語の「エクレシア」）が、この介入の本来的な場所である。イエスによって創設された教会が、「選ばれた民」のあとを引き継いでいる。

2　証明のための構成

プロローグ（一〜二章）――系図、誕生、憎むべき王ヘロデとの対決においてイエスは、王的メシアの性格を全幅にわたって示している。

イエスのメッセージを示し、解説する、五つの物語場面（三〜二五章）――イエスの任務活動（三〜四章）。ふたたびイエスの任務活動（八：一〜九：三四）。ユダヤ人のところから異邦人のところへ行く使徒たちの任務活動（一一：二～一二：五〇）。王国のさまざまなしるし（一三：五四～一七：二七）、すなわち、水上歩行、時のさまざまなしるし、ペトロの祝福、魚の口のなかの銀貨。そして、エルサレムに上る（一九～二三章）場面である。

受難、復活、復活者の顕現、この復活者が任務活動への派遣を行なう（二六～二八章）——この場面で、苦しむメシアの予言が成就し、教会の普遍的任務活動の基礎がすえられる。

3　イエスのメッセージの要点を含む五つの大きな演説

他の共観福音書では、教えが福音書の全体にわたって配置されるのに対して、マタイ福音書では、これがまとめられる傾向がある。五つの大きな演説が、物語にリズムを与えている。

山上の説教（五～七章）——神に対する子としての尊敬の態度が、どのように人びとのあいだの関係に構造を与えるかが示されている。この演説には、柔和さ・謙遜・貧しさを擁護する有名な「ベアチチュード」（五：三～一六）が記されていることを、とくに指摘しておく。

任務活動への派遣にあたっての演（九：三五～一一：一）——任務活動の必要性、任務活動の良き実行者の性格、についてイエスは強調する。

たとえによる演説（一三章）——一連のたとえによってイエスは、神の国の輪郭を描きだす。

共同体についての演説（一八章）――教会内で適用されるべきさまざまな規則を、イエスが与える。

人の子についての演説（二四～二五）――エルサレムの崩壊、地上へのイエスの再来――このイエスが、最後の審判において、人の子として王座につく――についての預言的な長い告知。「人の子」は、元は単に人間を指す表現だったが、ダニエル書以来知られるようになったメシア的な意味では、神的メシアのさまざまな名のひとつである。

第三部　自立した教会へ

八〇~九〇年頃までのキリスト教の諸著作は、みずからユダヤ教の一部をなしていると考えている教会の状態を反映していた。こうした教会は、ユダヤ教の遺産の一部を自分たちが受け継いでおり、自分たちはユダヤ教についてのひとつの特殊な解釈に基づいていると主張していた。イエスの死から六〇年がたち、ヤブネのラビ的解釈に同意しない者たちがすべてシナゴーグから追放され、キリスト教の諸共同体において神学的な立場がゆっくりと成熟するようになるとキリスト教は、ユダヤ教の根源とのつながりを完全に断たずに、しかし次第に自分たちは自立していると考えるようになる。キリスト教は、自分たち自身の制度をもつようになる。こうした動きがパウロ的諸教会ですでに始まっていたことは、すでに見たとおりである。また独自の儀礼や神学をもつようになる。そしてユダヤ教に対して、またローマ的世界に対して、自分たちの立場を明確にするようになる。キリスト教の内部では、権威や神学的解釈についての衝突に関して新しい抗議の動きが、パウロ的共同体で生まれていたが、この時期になると、こうした抗議の動きがさらに強まり、結局のところ、制度的教会の当局から異端とされるような流れになっていく。そして何よりも、キリスト教徒たちが、他のユダヤ人たちと混同されずに、彼らがキリスト教徒であるということでドミティアヌス帝によって迫害を受けたこと（八一〜九六年）は、こうした自立化が進行していることの究極的な証拠になっている。

第一章　神学的・典礼的な完成——ヨハネ文書

ヨハネ文書は、ヨハネという人物像をめぐって構成されたもので、一つの福音書、使徒に帰された三つの手紙、一つの黙示録からなっており、新約聖書のなかで特殊な位置を占めている。本書ではこれまで、教会の多数派のさまざまな流れの展開と緊張から生じた著作に取り組んできた。ヨハネ文書において読者は、一つの孤立した共同体とかかわることになる。この共同体は、ユダヤ教の激動にあまり巻き込まれず（ヨハネ福音書九章を見よ）、イエスのメッセージと共同体の位置について独特の理解を発展させた。

だからといってこの共同体の状況が、平穏だったのではない。この共同体の文書には、さまざまな対立と強力なさまざまな論争の跡が認められる。これらの文書は、パレスチナに起源があると考えられる。パレスチナでは一部のユダヤ人たちが、イエスをダビデ的メシアとして考えていた。彼らは、ひとりの誰とも知れない人物によって指導されていた。彼はイエスに従った者で、共同体の記憶において、イエスがとくに好んだ弟子だったとされるようになった。この最初の共同体は、ユダヤ教のさまざまな流れの者たちに比較的開放的だったようである。この共同体には、ユダヤ地方のユダヤ人、洗礼者ヨハネのかつての弟子たち、エッセネ派に近いと思われる者たち、サマリア人たち、また「アムハアレツ」——宗教的教育を受けていない「土地の民」である者たち——とされるような者たちがいたと思われるからである。彼らは、聖職者集団の下層のメンバーである司祭たちと共存していた。この共同体では、キリスト（メシア）としてのイエスを優位なものとし、神殿を中心的な場とする神学が展開し、その痕跡が福音書に残されている。

この共同体は、パレスチナ出身の者たちでおもに構成されていたが、ディアスポラのユダヤ人たちにも門戸を開いていた。七〇年頃（おそらく、神殿の崩壊ののち）、共同体は小アジアに移り、ギリシア人たちを迎え入れるようになる。この時期にパウロ主義の影響を受けた、ということも考えられなくもない。こうして福音書に、救いがユダヤの民だけでなくすべての人に提供されているという普遍主義的な次元が含まれることになる。そして信者とキリストとのきわめて個人主義的な関係が、前面に押しだされることになる。七〇年の危機と、ヤヴネのラビたちを中心にしたユダヤ教の再建の動きが、共同体に混乱を持ち込むことになる。異邦人出身のヨハネ的キリスト教徒たちはシナゴーグから追放され、ユダヤ教との距離をもつようになる。「ユダヤ人たち」に対するこうした敵意の痕跡が、福音書に認められる。

イエスの神性に関心が集中したために、共同体に分裂が生じる。一部の者たちは、イエスに人間性をまったく認めず、イエスの神性のみに基づいた教義への道を開くことになる。こうした教義は、これに続く数世紀において、教会が「異端」と決めつけることになる諸グループに見出される。「キリスト仮現論者」は、神であるイエスは、見せかけだけ人になり、死んだのだと主張する。「エンクラティス派」（「節制」（エンクラティア）主義者）は、性的関係と生殖活動を拒否する。「グノーシス主義者」は、救いのための秘密の知識の優位を主張する、などである。こうした動きに対処するために共同体は、イエスの人間性を強調する（八〇～九〇年頃）。第一・第二ヨハネ書は、混乱の扇動者たちを非難するために書かれた。しかしこうした調整の動きだけでは不充分で、二世紀になる頃には、ヨハネ共同体は崩壊する。一部の者たちは多数派教会に合流し、ヨハネ福音書の末尾（二一章）が書かれる。このテキストでは、エルサレム共同体のキリスト教徒たちを代表するペトロと、ヨハネ的キリスト教徒を代表する弟子とが和解することになっている。また第三ヨハネ書が書かれた。他の者たちは、自分たちの仮現論的・グノーシス主義的な思想をさらに展開させる。

またヨハネ共同体は、ドミティアヌス帝の迫害を受ける。このときに、共同体のメンバーのひとりが、ヨハネの名において黙示録を執筆する（九六年頃）。この文書は、小アジアのキリスト教徒たちを力づけるためのもので、ユダヤ教における黙示文学の形態から着想を得ており、ヨハネ神学からはいくらか離れた立場のものとなっている。

コラム「グノーシス」

「グノーシス」（これはギリシア語の単語で、「知識」を意味する）は、さまざまな宗教から派生した一群の教義の全体を指す語である。キリスト教的「グノーシス」、ユダヤ教的「グノーシス」（たとえば「カバラ」）、イスラム教的「グノーシス」が存在して、類似した特徴をもっていた。

1　「「善／悪」「霊／肉」の二元論に依拠した、悲観的な世界観」——創造は悪しき霊の所産であり、この悪しき霊は善き力に対立している。人はこの創造世界に囚われており、この世界から逃れなければ救済はない。このために人は、自分の霊的存在——自分のなかの唯一の神的な小片——を、創造世界および物質的存在から解放しなければならない。創造世界および物質的存在は、霊的存在を引きとめようとしている。

2　「一種の秘教的傾向」——解放のこの動きは、グノーシス主義の宗教が提供する知識によってしか実現しない。この宗教は入門者たちに、人・創造・世界についての隠された真実を明らかにしようとしている。この啓示によって入門者は、救いを見出すことができる。

ヘルメス思想は、グノーシス主義の起源かもしれないさまざまな流れの一つである。ヘルメス思想とは、「ヘルメス・トリスメギストス」（「三倍偉大なヘルメス」）の守護のもとにある教義であり、それによれば、星辰・神々・神的なさまざまなイメージが、人びとに対する影響力を発しているとされている。これらについて研究し、知識（グノーシス）を獲得すれば、人は、神々と世界を思いのままに動かすことができるようになる。したがってヘルメス思想が、天文学・地理学・哲学から、占星術・魔術・錬金術へと移行するのは、ごく自然なことである。

したがって初期の時代のキリスト教的グノーシス主義者たちは、創造が神的なものであることを否定し、旧約聖書を拒否し、魂と肉体をはっきりと区別し、キリストの肉化と再来を拒否する。自分たちは、キリストと使徒たちの秘密の教えを保持する者だと、彼らは主張し、アセティスム、つまり禁欲を説く。

グノーシス主義の流れは二・三世紀に隆盛だったが、中世にも、ボゴミール派（十〜十二世紀）とカタリ派（十二〜十三世紀）を通して姿を現し、現代でも、キリスト教的なある種のセクトに認められる。

I　ヨハネの三つの手紙とヨハネ共同体の混乱

「ヨハネの」とされている三つの手紙では、「長老」と自分で名乗っている人物が著者として登場している。これらの手紙は九〇年から一一〇年のあいだに書かれたもので、第三ヨハネ書が最後のものである。これらの手紙では、「長老」が「反キリスト」と名づけている敵対者たちへの戦いがなされている。これらの敵対者たちは、神は人間の姿を身にまとったにすぎないと主張する一種の「キリスト仮現論」を信奉していたと考えられる。この三つの「手紙」（実際は、手紙であるのは二つだけで、第一ヨハネ書は一種の詩である）は、呪文のようなスタイルにかなり近いものになっていて、論証的な修辞の手順が踏まれているのではない。「わたしたちが知っているように」という表現によっていきなり提示される知識が並ぶというあり方において、議論が進められている。長老にならうあり方に「とどまる」ことを勧める権威ある立場からの修辞法である。諸力が二元論的に対立して存在しているとされている。長老の側には、光、真実、命があり、敵対者たちの側には、闇、虚偽、死がある。

1　第一ヨハネ書――イエスの人間性と慈愛を弁護する

第一ヨハネ書では、「キリスト仮現論」の者たちに反対する立場の神学的な面が強調されている。

キリスト論――「キリスト仮現論」の者たちがイエスの神性を強調しているのに対して、第一ヨハネ書ではイエスの人間性が強調され（一：一～五）、イエスに人間性がないとすることは神に由来していないとされている（四：二～三）。

救済論――罪の概念を認めない者たちを、長老ははっきりと拒絶する。彼らのこうした立場はおそらく、善と悪を対立させる二元論的な立場に影響されたもので、この立場では善悪のあいだに介在する罪の概念の存在する余地がない（一：七～一〇）。

長老の権威――異端者たちを断罪するうえでの権威には、三つの源泉があるとされている。第一に預言者的な霊感（四：二～三）、第二に「神から」の者であること、つまり神の思想を表明しているということ（四：六を見よ）、第三に、神の同伴者であること（一：六、二：六、四：二〇）、である。長老の権威の根拠となっているのは、神学的な概念ではなく、道徳的な実践である。この道徳的実践は、キリスト教徒の兄弟たちのあいだの愛に存している。こうした愛徳の賛美によって長老は、社会的欠如による区分から、道徳的欠如による区分へ、そして神学的欠如による区分へと移行させている。

2 第二ヨハネ書——一致のうちにとどまるようにとの共同体への勧め

この手紙は、エリートのひとりの婦人と彼女の子供たちに宛てられている(一節)。彼女たちはおそらく、ある特定の共同体を体現している。この短い手紙では、長老の戦略の教会論的な側面が表明されている。古くからの掟に従い、愛徳を実践するようにとの勧めをふたたび表明することを通して長老は、共同体の一致にとどまり、混乱の扇動者たちを受け入れないようにと呼びかけている。

3 第三ヨハネ書——ひとりのキリスト教徒への教え

この短い手紙は、ガイウスという者に宛てられており、彼はおそらくひとつの共同体の長である。第三ヨハネ書では、長老に従順であり続けること、長老に対立しているディオトレフォエスを警戒することが、勧められている。

II 第四福音書——独創的な福音書

他の福音書にくらべて第四福音書は、いたって特殊な位置をしめている。第四福音書は、内容の構成においてだけでなく、神学、そして資料――この点については、いろいろな議論がなされている――においても、共観福音書とはっきりと異なっている。第四福音書では、他の福音書と違って詩的な文体が用いられており、他方で、物語の筋は単純になっている。神学的なプロローグ（一：一～一八）のあと、イエスの公活動の物語が記され（一：一九～一二：五〇）、晩餐の周囲に一連の告別の演説がまとめられ（一三～一七章）、ついで受難と復活の物語が記され（一八～二〇章）、ガリラヤを舞台にするエピローグで締めくくられている（二一章）。イエスの姿についての描写のあり方、神学的立場、また当時のさまざまなグループとの関係についての示唆がなされていること――これは、教会がすでに自立したものとなっていることの証拠になっている――が、第四福音書のおもな新しい点である。

1　共観福音書とは別個の福音書

四つの福音書では、イエスの生涯のいくつかの点について、共通の指摘がなされている。神殿への対立、百人隊長の子の癒し、水上歩行、ベタニアでの注油、最後の晩餐、などである。しかしヨハネ福音書は、多くの点で、共観福音書と異なっている。

ヨハネは、多くの重要なエピソードを削除している――誘惑の物語、変幻の物語、聖餐の制定、ゲッセマネでの祈り、などである。

ヨハネは、いくつかのエピソードを付加している——ガリラヤでの任務活動の前のユダでの任務活動、エルサレムの三度の旅、三度の過越祭である。

ヨハネは、奇跡についての異なった理解を示している——ヨハネは七つの奇跡物語しか語っておらず、それらの奇跡物語は特殊な意義をもっている。奇跡は「しるし」ないし「わざ」と呼ばれており、イエスのアイデンティティーを証しするものとなっていて、説明の演説のきっかけとなることが多い。

ヨハネによるイエスは、たとえ話を用いていない。

イエスのアイデンティティーが問題視されることがない——イエスが誰なのかというテーマはマルコ福音書では中心的な問題だったが、ヨハネ福音書では問題視されることはなく、イエスは、自分自身について、また自分のアイデンティティーについて、自由に語っている。

「神の王国」は、イエスの宣教の中心的主張ではない——このテーマは、共観福音書では中心的要素となっていたが、ヨハネ福音書では欠如している。

2　イエスの独創的な像

ヨハネ共同体の活力の源泉としてキリスト論が重要なものとなっていたことの痕跡が、第四福音書に認められる。共観福音書では、肉化の前の先在について、イエスは語っていない。これに対してヨハネは、イエスの肉化の前後の、永遠の存在についての記述がなされている。また共観福音書ではイエスが神として語られることはけっしてないが、ヨハネではイエスが神として語られており、三位一体の教義を準備するものとなっている。

あらゆる時代に先立つ神の言葉――有名なプロローグにおいて(一：一～一八)、イエスは神の永遠の「言葉」として描かれている。この呼称では、宇宙全体を動かしている霊と命を指す「ロゴス」についてのヘレニズムの伝統が、世界の創造に先在している神の智恵(「智恵の書」に認められる)についての捕囚後の伝統、それからヤーヴェの言葉――つまり神の創造の業――についての聖書的な伝統(創世記に示され、イザヤ書五五：一〇～一一で再び扱われている)に、混ぜ合わされている。

イエスは神の子としての神である――イエスは神であり、彼は自分の父とこうした神性を分かちもっているという考え方が、ヨハネ福音書でははっきりと示されている。この神性のゆえに、神についての伝統的な呼び名、たとえば世の光(八：一二)、命のパン(つまり「マナ」、六：三五)、良き牧者(一〇：一一)、命(一一：二五)、などをイエスは、自分にあてはめることができるとされている。

3　ヨハネの神学の斬新さ

こうしたキリスト論以外にも、キリスト教において主要な役割を演じることになる神学上のさまざまな刷新を、ヨハネは行なっている。

救いの教義——ヨハネ共同体は、ユダヤ教的な基盤がたいへん強力なものとなっていたが、それでも律法にはまったく信頼性がないという立場だったことは、明らかだと思われる。永遠の救いは、今後はイエスに由来することになる。イエスは、自分自身について「道、真理、命」だと述べ、「わたしを通らなければ、誰も父のところに行かないだろう」(一四：六)とはっきり主張している。イエスへの忠実な態度は、イエスに「とどまること」と表現されている。

パラクレトス——ルカの場合と同様にヨハネにも、霊の神学がある。しかしヨハネは、福音書と使徒行伝の著者よりもはるかに先に進んでいる。神の霊は、イエスが出立したあとのイエスの後継者として理解されており(一四〜一六章およびその他の箇所を見よ)、また「パラクレトス」——つまり、共同体の弁護者——として理解されている。この霊は、イエスの存在を継続させるものであり、イエスについての新たな啓示を正当化する根拠になっている(一四：二五〜二六、一六：一二〜一五)。こうした霊の神学によってヨハネは、共同体を、救いと、イエスについての教えの特権的な場としている。

4　他のグループとの関係

ヨハネ共同体の長期間にわたる展開の成果である第四福音書では、ヨハネ共同体と他のグループとの関係がどのようなものだったかが明確に叙述されている。

敵対者たち、すなわち、シナゴーグと神殿のユダヤ人たち——福音書でイエスは、シナゴーグおよび神殿と騒然とした関係をもっている。彼はシナゴーグから何度も追放され、また自分の弟子たちが追放されることを予告している。受難物語でピラトは、イエスの死について、いわば「洗い浄められた」状態になっているが、「大祭司たち」「ファリサイ派の者たち」および、一般的に「ユダヤ人たち」は、責を負っているとされている。こうした強調のあり方は、ある種のキリスト教的反ユダヤ主義——「神殺しの民」という表現に痕跡が見られる——の諸要因のひとつとなったと考えられる。

競争者たち、すなわち、洗礼者ヨハネの弟子たちと、ペトロによって象徴される他のキリスト教徒たち——福音書では、イエスに対して洗礼者ヨハネの地位が低いこと、彼が「先駆者」の役割をになっていて、「先駆者」はメシアでないこと、が何度も強調されている。洗礼者ヨハネの弟子たちを前にしての論争が共同体を動揺させていて、その状態の痕跡がここに認められると考えられる。またユダ・ペトロ・弟子の三人が、信仰の三つの態度を象徴している。すなわち、裏切り(ユダ)、無理解と不忠実(ペトロ)、完全な信仰(弟子)である。この対立は、最終章において和らげられていて、この章では、ペトロと弟子に、たがいに補完的な異なった二つの役割が与えられている。

任務活動の二つの土地、すなわち、サマリアと異教の土地——ヨハネ福音書には、他の福音書にない二つのエピソードがおさめられており、この二つのエピソードは共同体の方向性を表現するものとなっている。サマリアでの旅（四章）でイエスは、サマリア人の女によってメシアとして認識されており、またイエスの弟子たちにはギリシア人たちがいる（一二：二〇〜二二）。

III　迫害に直面している共同体を力づける――「黙示録」

黙示録は、明示的にヨハネに帰されているが、ヨハネ文書のなかで特別な地位をしめるものとなっている。共同体の諸文書と共通するテーマがいくつか認められる。とくに、苦しむメシアという考え方、神の子羊のテーマ、神の言葉のテーマ、である。しかし文体が、たいへん異なっており、多くの要素が独自のものである。独立したテキストだったものが、のちになってヨハネ共同体に結びつけられたのかもしれない。この文書は、現在のトルコの地中海沿岸地方にあった小アジアの諸教会に宛てて書かれたもので、ネロの迫害のことが話題になっているが、リヨンのエイレナイオス（一三〇年頃〜二〇二年頃）がすでに述べているように、執筆されたのはその少しあと、すなわちドミティアヌス帝在位の時代だと思われる。

黙示録ほど、誤解の対象となった文書はない。しかし黙示録は、不安の文書ではなく、迫害を受けている共同体に希望を与えようとする文書である。

1　黙示録というジャンル——紀元前末の数世紀からの遺産

黙示録というジャンルは正典の文書のなかでは、ヨハネ福音書が唯一の例になっており、このジャンルはキリスト教ではあまり理解されていない。しかし黙示録というジャンルは、ユダヤ教では広範に広まっていた。捕囚からの帰還ののちユダヤ教では、もはや預言者が現われなくなり、「天は閉じられていた」。したがって別のジャンルが、このあとを引き継ぐことになり、それが黙示録である。黙示録では、預言的な幻、そして何よりも、預言的な目標が引き継がれた。黙示録でなされているのは、未来を見抜くということではなく、幻視者は、現在の状況から教訓を引きだし、その行く末を予感している。黙示録でなされているのは、「予言」ではなく、「予想」である。

変幻自在のジャンル——現在について批判的なあらゆる言説は、黙示録に材料を提供しうる。そして、保存されている数多くの黙示録は、それらを生みだした集団の状況が多様なものだったことを物語っている。「エノク書」は、成立時期（前一七〇〜五〇年）も、起源（天使たちの凋落の物語、天文学の論文、たとえ話、など）も多様な、寄せ集めの文書である。「モーセの遺訓」は、エッセネ派の関心を反映している。

「第四エズラ書」(後一〇〇年頃)では、神殿の崩壊について神に対して質問がなされている。「シリア語のバルク黙示録」(二世紀)は、神殿崩壊の記念ための朗読に用いられ、神殿崩壊の責任者たちへの懲罰を約束するものになっている。

いくつかの共通要素をもつジャンル——黙示録はどれも偽名で書かれており、さまざまな幻や、さまざまな天的出来事が扱われている。またどの黙示録も、世界についての神の計画を明らかにするものとなっている。表面的には悲観主義的だが、実際には、義なる者が救われるだろうことを啓示している。

2　黙示録を読むうえでのいくつかの鍵

黙示録は、物語の通常の規則からはずれたものになっている。黙示録を了解するためには、次のような諸規則を念頭におくべきである。

あとから要約するような構成——通常の物語は(post hoc ergo propter hoc「その後に」とあれば「それが原因で」)という原則に従っている。黙示録ではさまざまな要素が並置されており、時間の流れに従って整理されていない。同じ要素が、いくつもの叙述で展開されることとさえある。

千年王国的な構成——黙示録は、未来のことではなく、中間のときである千年の期間のことを描きだそうとしている。この中間のときは、教会が存在するときであり、キリストの死と彼の再来のあいだに展開する。

イメージによる構成——黙示録は暗号化された文書であり、さまざまなイメージの謎は解読されねばならない。権力のイメージ（獣＝ローマ帝国、角＝ローマの丘、など）、共同体のイメージ（四四〇〇〇＝キリスト教徒、女＝教会、など）、神的存在のイメージ（犠牲に捧げられた子羊＝神によって送られたさまざまな試練、など）。こうしたイメージのほとんどは、聖書の伝統と黙示録の伝統から採用されている。

3　著者の意図をうかがわせる筋書き——試練にある教会を力づける

黙示録は、人々を不安にさせようとしているのではなく、安心させようとしている。

第一の幻（一～三章）は、地上の諸教会が良き態度をとるよう勧めている——この第一の部分は、黙示的というより、奨励のようになっている。幻視者は、「人の子」すなわちキリストの幻を見る。この「人の子」は、小アジアの七つの共同体に七つの手紙を送る。その目的は、自分たちの欠陥を彼らに修正させることである。

第二の幻（四～二〇章）では、創設以来の教会の運命が描きだされる——この部分は、さらに区分されねばならない。七つのラッパと七つの封印が、教会の「過去」を描きだす（四～一一章）。ラッパが鳴り、封印が解かれると、神はイスラエルに試練を送り、この試練はエルサレムの崩壊において頂点に達する（一一：一〜二）。しかし少数の者たちが残る。彼らは、教会を代表している。彼らには、「福音」という書物が与えられる。この最初の部分では、共同体がみずからの歴史についてどのように考えているかが示されている。すなわち共同体は、イスラエルを継承する新しい選民である。竜とその狂信者たちに対する戦いの部分（一二〜二〇章）では、教会の「現在」が描かれている。サタンのイメージである竜は、一度、天において退治される。竜の変身である二匹の獣はローマ帝国を象徴しており、教会を象徴している女を脅かしているが、退治され、バビロン＝ローマは破壊される。最後に竜が、二度目に退治される。この部分は、ドミティアヌス帝によって苦しめられている諸共同体に希望を与えるために作りあげられている。迫害が厳しいものであっても、迫害には終わりがある。そして神の意図において迫害者は、すでに罰を受けている。

第三の幻（二一〜二二章）では、天のエルサレムの地上への降下が告げられており、諸共同体への希望の付与が完了する——この最後の部分では、教会の「未来」が描かれている。天のエルサレムは、福音書で告げられていた神の王国の到来を表現しており、キリスト教共同体の希望の展望となっている。

第二章　外部世界に対して自己の立場を明らかにする
——新約聖書の末期の諸文書

執筆の歴史についてのこの最後の章では、新約聖書の最後期の諸文書を扱う。どの文書も、執筆時期は九〇～一二〇年であり、外部世界に対して教会の立場を確定するということが目的になっている。こうした点においてこれらの文書は、他のキリスト教文書——それらのうちには、新約聖書に含まれるものとして扱われることもあったが、結局は聖なる諸文書の正典に採用されなかった文書、つまり「ローマのクレメンスの第一の手紙」「ディダケー」「アンティオキアのイグナティオスの手紙」「ポリュカルポスの手紙」「バルナバの手紙」「ディオグネトスへの手紙」のような文書、また「ポリュカルポスの殉教」「フェリキタスとペルペトゥアの殉教」のような初期の殉教者伝も含まれる——と結びついている。

I　ローマ世界に対して自己の立場を明らかにする──「ペトロの第一の手紙」

ペトロの第一の手紙は、少なくとも五つの理由から、偽名の書である。ガリラヤの漁師によるものとしては意外な正しいギリシア語で書かれている。公同書簡におけるパウロの伝統にかなり親しんでいることが認められる。つまり、公同書簡と同じ手紙の形態が用いられており、「キリストにおける」といったパウロ的な表現がいろいろと繰り返され、「家庭生活の掟」が用いられている、などである。ペトロが生きていたときには存在していなかったと思われるキリスト教共同体──ビチニア、ポントス、カッパドキア──に宛てられている。ユダヤ教について何も知らないキリスト教徒たちに宛てられていることが明らかである（一：一四、一八、四：三を見よ）。ペトロが生きていたときには存在していなかったローマ当局との対立が反映されている。

ローマが「バビロン」という名で呼ばれているので、この手紙の執筆時期は、おそらく神殿の崩壊以後である──ローマは、バビロンと同様に、神殿を破壊した──。また、スミルナのポリュカルポスが彼のフィリピの者たちへの手紙でこの手紙を引用しているので（ポリュカルポスのフィリピの者たちへの手紙一：三で第一ペトロ書一：八が引用されている）、執筆時期は、一一〇年よりも遅くはないだろう。迫害が明らかに示唆されているので、最も可能性の高い執筆時期は、二世紀に入る前後である。周知の通り、ドミティアヌス帝の時代（八一〜九六年）に小アジアで大規模な迫害があり、この迫害については黙示録が証言を行なっている。またトラヤヌス帝の時代（九八〜一一七年）にビチニアで一連の問題が生じた。

1　迫害に直面する教会

ネロの迫害は突出して有名だが、この迫害が最も血みどろのものでなかったことは確かである。しかもネロの迫害がキリスト教徒に対してのものだったかどうかについては、疑わしいところがある。キリスト教徒たちは、ユダヤ教から充分に分離していなかったからである。これに対して一世紀末には、もっと大規模な迫害が生じた。迫害には三つの理由がある。

宗教的理由――キリスト教徒たちは、出身がユダヤ教であれ異教であれ、ユダヤ教起源のある同一の考え方、すなわち排他的な一神教を共有していた。一つの神だけを信じることが問題なのではない。多くの人びと、多くの哲学者たちは、この種の一神教を実践していた。問題なのは、他の者たちの神には価値がないと主張すること、また他の者たちの神は存在しないとさえ主張することである。

政治的理由――ローマ帝国では、皇帝の正当性は、ローマの宗教および崇拝に密接に結びついていた。

この崇拝を疑問視することは、宗教的理由からであっても、反乱の行為となった。**社会的理由**——教会が共同体としての傾向を強くもっていたことは、社会の他の集団の側からの警戒や敵意が生じる原因となった。こうしたことは社会的現象として、一般的である。子供を生贄にしているとか、近親相姦をしているといった憶測が、社会に流布した。自然発生的な敵対行為が生じることになった。

2　第一ペトロ書の対応

堕落した社会のなかで距離を保って、威厳をもって行動する——共同体主義的立場からの対応として「ペトロ」が、ふしだらな社会の様相を描きだす（四：三〜四）。こうした社会からは遠ざからねばならず、ディアスポラにおけるように異人として生活すべきである（二：一一、一：一七、二：一一）。しかし中傷の的になるべきではなく、したがって当局に服従して、威厳をもって行動すべきである（二：一一〜三：一二）。

苦難に対して準備を整える——こうした善意の保証があっても、「ペトロ」は過信しない。キリスト教徒は迫害を受けており、将来も迫害を受けるだろう。喜びをもって迫害を耐えるよう、彼は勧める（一：三〜一三、三：一三〜四：一九）。ここから殉教の神学への道が開けることになる。

Ⅱ　ユダヤ教に対して自己の立場を明らかにする――「ヘブライ人への手紙」

ある釈義家が面白味をそえて述べているように、「ヘブライ人へのパウロの手紙」は、手紙ではなく、パウロのものでもなく、「ヘブライ人たち」に宛てられたこともない。この文書はむしろ、ひとつの説教を書きとどめたもので、それに手紙（一三章）が添えられたものである。この説教は、ユダヤ教から距離をおいたあるキリスト教徒が、やはりユダヤ教から距離をおいたキリスト教徒たちに対して述べたものである。著者は、いくつかの写本ではテモテだとされており、ローマの教皇クレメンスが著者だという提案がなされることもある。新約聖書のシリア語版である「ペッシータ」では、彼らがイタリアにいたとされている。この文書の正典性は長きにわたって問題視され、この文書がパウロに帰されるようになったのも遅い時期においてである。この文書は、古い時代のパウロの文書集には入っておらず、神学者オリゲネス（一八五～二五四年）はパウロのものだとしていない。

ヘブライ書には、困難な問題が数多く存在する。しかしこの文書は、ユダヤ教から離れた立場に教会が次第に立つようになる様子を具体的に示すものとなっているために、新約聖書で中心的な役割をはたしている。ユダヤ教／キリスト教の関係が、単なる継続の関係としてはもはや考えられておらず、優位の関係で考えられている。古い契約に対して新しい契約が優れていることを示そうとしており、したがってキリスト教信仰に堅く立つことが勧められている。

1　啓示の優位

キリストは、預言者たちより優れている（一：一〜三）。

キリストは、天使たちより優れている（一：三〜二：一八）——律法をモーセに与えた天使たちより、キリストは優れている。なぜならキリストは、彼らの上の座についており（一：一〜一四）、大祭司の地位に高められているからである（二：五〜一八）。

キリストは、モーセより優れている（三：一〜六）——モーセは神に仕えるものであるが、イエスは神の子である。

イエスにおける新しい契約は、古い契約より優れている（八：六〜一三）。

2　崇拝の優位

イエスは、とくにすぐれた大祭司である（四：一四〜七：一三）——イエスは、メルキゼデクのように、大祭司の地位に高められた。しかしイエスは、メルキゼデクよりも優っている。なぜならイエスは、この地位を一時的に占めているのではなく、永遠の大祭司だからである。

イエスの犠牲は、神殿の犠牲を超えている（八：一～一〇：一八）――イエスは、同時に、大祭司であり、供物であり（なぜなら、イエスは犠牲として自分を捧げた）、犠牲の儀式であり、神殿である。イエスの犠牲は、神殿の犠牲よりも優れている。なぜならイエスは、とくにすぐれた大祭司であり、雄羊の血ではなく自分自身の血を捧げるからである。ユダヤ人たちの幕屋は、天の聖域の地上での写しにすぎず、この天の聖域で神へのイエスの奉物が行なわれる。そしてとくに、キリストの犠牲は繰り返されるべきものではなく、一度きりで価値がある。

3　信仰の必要性

著者は、キリストにおける信仰について、繰り返し強調している。この信仰は、犠牲のすぐれた性質の必然的な結果として生じる。神において信じつづける「小さな残る者」になることが必要であり（三：七～四：一三）、イエスを放棄する者たちには赦しはないのだから信仰において揺るがないことが重要であること（五：一一～六：二〇）、イエスにならった耐え忍ぶ生活、それに見合った行動が要請されていること（一〇：一九～一三：二五）を、著者は指摘している。

Ⅲ　教会の信仰を明らかにする――「ユダの手紙」と「ペトロの第二の手紙」

あまり知られていないこの二つの手紙は、調和的な関係にある。第二ペトロ書は、ユダ書を拡大して書き改めたものである。二つの手紙は、「偽の教え」に対して戦っている。

「ユダの手紙」は、「ヤコブの兄弟」に帰されている。「ヤコブの兄弟」だということは、イエスの「兄弟」だということになる。しかし執筆はおそらく、のちの時代である。牧会書簡の場合と同じように、この手紙では、伝統として確立した信仰が扱われており（ユダ書三）、使徒たちがいなくなってからすでに久しいという印象が与えられる（ユダ書一七～一八）。

「ペトロの手紙」が使徒ペトロのものでないのは、確実である。パウロの手紙への言及がなされており、そこでパウロの手紙は権威ある文書として扱われていて（第二ペトロ書三：一六）、正典化が始まっていることとの痕跡となっている。イエスの再来が差し迫っているとはもはや信じられていない時期の証言となっている（三：三～一〇）。この手紙は「ユダの手紙」を書き改めたものである。スタイルは、装飾が多く、文学的で、第一ペトロ書とかなり異なっている。

1　ユダ書および第二ペトロ書における敵対者

ユダ書と第二ペトロ書が激しく非難している敵対者たちは、同一の者たちであるかは確かではないが、互いに似た性格の者たちである。

共同体の内部から現われた者たちである——かれらは、教会に属しており（ユダ書四）、教会での崇拝の活動に参加している（ユダ書一二、第二ペトロ書二：一三）。

彼らはキリストを否定している（神学的非難）——彼らは、もはやキリストを信じておらず、キリストが再来すると信じていない。

彼らの行動は、不道徳的である（倫理的非難）——依拠できる要素が少なく、こうした敵対者のあり方がどのようなものだったかをはっきりと知るのは、困難である。グノーシス主義の者たちだと言われることが多い。

2　黙示的テキストの使用

二つの手紙では、ユダヤ教の黙示文学からのテキストが用いられている。どちらの手紙でも、罪ある天使たちが神によって罰せられる物語が語られている「エノク書」（六～一六章）が用いられており（ユダ書六、第二ペトロ書二：四）、また大天使ミカエルと悪魔との議論の物語が記されている「モーセの昇天」が用いられている（ユダ書八～一〇、第二ペトロ書二：一〇～一一）。ユダ書では、エノクの預言も用いられている（ユダ書一四～一五、第一エノク書一：九）。偽典の文書がこのように用いられていることから、これらの手紙の宛先となっている共同体はユダヤ教起源のものであり、この共同体の論争の相手である敵対者たちもこうした文書に依拠していた、と考えられる。

第四部　正典化と写本

第二ペトロ書において認められるように、一世紀末にすでに、いくつかの文書がキリスト教共同体で権威あるものとされるようになっていた。したがって、執筆の時期ののちに正典の構成が行なわれる時期が来て、正典化の時期のあとに出版の時期が来ることになる。本書では、説明の都合からこうした区分を設けたが、それぞれの段階はたがいに浸透しあっているので、こうした区分は固定的に考えられるべきではない。正典化のプロセスは、新約聖書の最後期の手紙が書かれる前に始まっていたし、できるだけ「良質の」テキストを写そうとする意図と同時に存在していた。また正典化のプロセスがあったからといって、イエスや使徒たちについての新たな文書が作られることが妨げられたのではない。ただしこうした新しい文書は、正典化の最後の段階で考慮の対象にはならなかった。

第一章　正典の成立

すでに述べたように、新約聖書の諸文書が書かれるのと並行して、他の多くのテキストも執筆されていた。バルナバ、クレメンス、イグナティオス、ポリュカルポスなどの手紙、トマス、十二人、ヘブライ人、エジプト人などの福音書、ペトロ、フィリポ、パウロなどの行伝、ペトロ黙示録などの他の黙示録、などである。どのテキストが信頼のおけるものであって、どれがそうでないのか。この設問に答えがもたらされるには、ゆっくりとした成熟のための数世紀の期間が必要だった。

I　「正典」概念のゆっくりとした出現（二～三世紀）

「カノン」（正典）という語は、ギリシア語の「カノーン」（「規則」「基準」）に由来している。この「正典」

という考え方は、初期のキリスト教徒たちには、ぜひとも必要なものではなかった。すでに見たように新約聖書の諸文書は、限定された問題に対処するために作られたその場限りの文書と見なされうるものであり、いずれにしても、特定の共同体に宛てられた個別の文書である。

しかし一世紀末には、すべての文書が同じ価値のものではないという考え方が、すでに現われていた。偽書が存在するようになっていたことが、権威ある文書が存在していたことを証明している。偽書が作られること、また偽書という形態の表現が採用されることが、特別に尊重されていた文書集が存在することを示している。「福音」という語が、口頭の言葉でなく書かれた言葉を意味するようになったことが、「ディダケー」において認められる。「ディダケー」は一世紀末の文書であって、マタイ福音書の二つの箇所が引用されていて、それらの引用の言葉が「キリストの福音」と呼ばれている。クレメンスの第一の手紙(九〇年頃)では、マタイとルカが「主の言葉」という名のもとに引用されている(一三:二、四六:七〜八)。アンティオキアのイグナティオス手紙(一一〇年頃)には、福音書の言葉があふれている。しかしすべての共同体が認めるような「正典」という考え方は、まだ示されていない。

正典の概念が現われるようになるのは、次の時期になって、「異端者たちの圧力」が生じるようになってからである。「異端者たち」は、さまざまなテキストや伝統を管理する必要があることを、ただちに理解していた。

1　グノーシス主義者たちが戦いを開始する

キリストは十字架につけられなかったのであり、キレナイカのシモンが身代わりになったのであって、キリストはただちに天にのぼったと、バシレイデス（一二五年頃）は主張した。彼は、イエスの生涯の物語についての一連の注釈である『福音書注解』を執筆した。アレキサンドリアのクレメンスに帰されている手紙によれば、カルポクラテス（一三五年頃に没）がマルコ福音書の改訂版を流布させた。ヴァレンティヌス（一三五～一六五年頃）とグノーシス主義の彼の弟子たちは、さまざまな文書を執筆して、新約聖書と競合した。こうした文書の一部が、ナイル河畔にある考古学の発掘現場であるナグ・ハマディで発見されている。「真実の福音書」「フィリポ福音書」「ヤコブのアポクリフォン」などである。ヴァレンティヌスの弟子であるヘラクレオンは、第四福音書の注釈書を初めて著わした。

2　マルキオン（一四四年頃）が聖書を再検討する

マルキオンによって、決定的な一歩が踏みだされる。マルキオンは旧約聖書をしりぞけ、また旧約聖書に記されている復讐者である神を野蛮なものとして退けて、イエスを称揚する。マルキオンによればキリストは、旧約聖書の神とは根本的に異なった神を啓示したのであり、その神は慈悲の神であって、古い神を決定的に無効にした。

しかしマルキオンは、グノーシス主義者ではない。彼は、旧約聖書の神を全面的に悪だとはしておらず、歴史的資料および道徳的掟としての価値を旧約聖書に認めている。テキストに権威を認めたのは、マルキオンが最初である。彼は、最もギリシア的なテキストを用いて、自分の正典をつくりだした。すなわち、誕生物語とあまりに「ユダヤ的な」箇所を除いたルカ福音書と、パウロの一〇の手紙を改作したものである。牧会書簡とヘブライ書を、彼は退けた。

3 モンタノス（一五六〜一七二年頃）と彼の預言が、黙示的テキストを疑わしいものにする

モンタノスは、キリスト教の禁欲的で預言的なあり方を代表している。モンタノスは、キリストのさし迫った再来を告げ、性的関係を非難し、神託を述べ、新しい聖なる文書をつくりだした。彼は、黙示的諸文書——ヨハネ黙示録を含む——と、ヘブライ書を用いた。彼の運動は、諸教会の公会議によって断罪され、このために黙示的なものが疑惑の目で見られるという状態が長く続くことになった。新約聖書に黙示録がひとつしかなく、ヘブライ書、第二ペトロ書、ユダ書といった文書が長きにわたって警戒されたのは、おそらくこのことのためである。

II　正典の概念の展開

二世紀末および三世紀に、正典の概念が本格的に展開する。正典の概念が促進されるにあたっては、二つの異質な要因が共に作用していた。さまざまな異端に対処する必要があったこと、皆に受け入れられて権威あるものとされる「正統的」な規範を決定する必要があったこと、である。キリスト教的思索が展開してきたために、堅固な基礎に依拠できるようになって、各人が自分の根拠を選べるようになることが、必要となった。こうした二つの要因があったために、正典の概念が複雑なものになったと考えられる。一方で正典は、その内容において、代表的なさまざまな立場が示されたものでなくてはならず、それと同時にさまざまな定義がはっきりと示されていなければならない。他方、教会の教父たちが依拠することによって、実際に権威あるものとされているのでなければならない。このために、こんにちまで、二つの理論が並存することになった。霊感による理論では、霊を受けたものとそうでないものがはっきりと区別される。使用による理論によれば、教会で普遍的かつ永続的に用いられているテキストが正典として認められる。「正典」(カノン)という語が用いられるのは、かなり遅くなってからである。

権威あるものとされる諸文書の集合を指すためにこの語がはじめて用いられるのは、アレキサンドリアのアタナシウス（二九五〜三七三年）の「復活祭の手紙」（三九）においてである。

1 異端への対処

異端への対処のあり方は、二つの異なった方向にむけて出発した。このことは、正典について教会が躊躇していたことを物語っている。

諸福音書の要約版『ディアテッサロン』の成立――殉教者ユスティノスはすでに調和的な福音書を用いていたのではないかと見られているが、彼の弟子であるタティアノスは、一七九年に、四つの福音書をもとにした諸福音書の要約版――「一つのなかの四つ」（ギリシア語では「ディアテッサロン」）という福音書をつくりだす。この企ては、歴史家にとっては、二つの点において興味深い。こうした企てがなされることには、全体として整合的な聖なる文書集を作ろうという意図がうかがわれる。この当時すでに教会が、四つの福音書を権威あるものとして認めていた。

初期の段階における正典の定義――リヨンのイレナエウスは、タティアノスとおそらく面識はなかったが、『異端反駁論』（一八〇年頃）において、間接的にタティアノスに反論している。イレナエウスは、福音書が複数なのは必然的なことであるとし、四つの面をもった福音書を称揚している。これと同じ時期に、諸文書の最初のリストが、ローマで出現している。これは「ムラトリ表」と呼ばれており、この名は一七四〇年にこれを公表した歴史家の名にちなんだものである。

2　実践による正典の定義

この時期に、正典が実際に用いられていたことが、認められる。

引用による明示的な使用——二・三世紀の教父たちの著作に、明示的な引用が認められる。リヨンのイレナエウス、カルタゴのキュプリアヌス、アンティオキアのテオフィロス、サルディスのメリトン、アレキサンドリアのクレメンス、オリゲネス、である。

写本によるテキストの再生産（次章を見よ）。

正典に関する議論、古いリスト——たとえば、オリゲネス、カイサリアのエウセビオスの著作に、見られる。本章末尾の一覧表によって、比較ができる（一三八～一三九頁）。

Ⅲ　正典の終結

正典を完結させるようなリストが最初に現われるようになるのは、四世紀末になってからである。オリエントでは、エルサレムのキュリロス（三一五〜三八六年頃）が、彼のカテシスムのなかで、最初の正典リストを引用している。アタナシウスが二番目のリストを、「復活祭の手紙」（三九）で引用している。三五〇年にはラオデキアの公会議で、一つのリストについて決定が行なわれている。オキシデントでは、とくに地方の公会議――とりわけアウグスティヌスによって召集されたもの（三九三年のヒッポ、三九七年および四一九年のカルタゴ）――において、正典が決定された。「禁止された」外典の諸文書のカタログも存在している。たとえば教皇ゲラシウス（在位四九二〜四九八年）の有名な教皇令である。歴史家のあいだでさまざまな議論がなされているこの教皇令では、多くの文書が退けられるべきものとされている。外典の諸福音書、旧約聖書の外典、それから、エウセビオス、テルトゥリアヌス、タクタンティウスといった疑わしい著者たちの著作も挙げられている。

教会全体のための決定が最初に行なわれたのは、一四四三年のフィレンツェ会議においてであり、同じ決定が一五四六年のトレント会議でもなされた。

ルターが正典の内部に階層を認めたことは、指摘されるべきである。最善の文書（ヨハネ、ローマ、ガラテヤ、エフェソ、第一ヨハネ書）、「まだキリストを前進させるところのある」文書（マタイ、マルコ、ルカ、使徒行伝、パウロの残り、第二ペトロ書、ヨハネの他の文書）、それから退けられるべき文書である。ヤコブ書は、「藁の書であって、福音的なところが何もない」、ユダ書は、「無益」であり、ヘブライ書と黙示録は、疑わしいとしている。宗教改革の諸教会は、正典のこうした再編に従わなかった。

トマス福音書	ヘブライ人福音書	使徒行伝	パウロ	牧会書簡	ヘブライ人	第三コリント書	パウロ行伝	ヤコブ	第一ペトロ	第二ペトロ	第一ヨハネ	第二ヨハネ	第三ヨハネ	ユダ	黙示録	ペトロ黙示録	ラオデキア人
			M														?
	○	×	×	○													
	?		○	○					○		○				○		
		○	○	○							○	○	?	○	?	?	?
?	?		?	?	?	?	?	?	○	?	○	?	?	?	○		
										×		×	×	×	×		
×	?	○	○	○	?	?	?	?	○	?	○	?	?	?	?	?	
		○	○	○		○	○	○	○	○	○	○	○	○	○	○	
×	?	○	○	○	○			○	○	○	○	○	○	○			
		○	○	○	○			○	○	○	○	○	○	○	○		
		○	○	○	○			○	○	○	○	○	○	○	○		
	?	○	○	○	○			○	○	○	○	○	○	○	○		?
		○	○	○	○			○	○	○	○	○	○	○			
		○	○	○	○			○	○	○	○	○	○	○	○		?
		○	○	○	○			○	○		○						
?	○	○	○	○	?	?	?	?	○	?	○	?	?	?	?	?	?
		○	○	○	○			○	○		○						
		○	○	○	○			○	○	○	○	○	○	○	○		
								?	?	?	?	?	○	?			
×			○	○	○	×	×	○	○	○	○	○	○	○	○	×	
			○	○	○			○	○	○	○	○	○	○	○		○
			○	○	○			○	○	○	○	○	○	○	○		
			○	?	×			×	○	?	○	?	?	×	×		
			○	○	○			○	○	○	○	○	○	○	○		

	ディダケー	バルナバ	ヘルマスの「牧者」	第一・第二クレメンス	マルコ	マタイ	ルカ	ヨハネ	ペトロ福音書
マルキオン 140年頃							M		
タティアノス 170年頃					○	○	○	○	
イレナエウス 180年頃			○	○	○	○	○	○	
セラピオン 190年頃									?
ムラトリ正典 200年頃			?		○	○	○	○	
オリゲネス 230年頃	?	?	?		○	○	○	○	?
ルキアノス 260年頃									
エウセビノス 311-317年頃	?	?	?		○	○	○	○	
クラロモンタヌス・コデックス		○	○		○	○	○	○	
エルサレムのキュリロス 350年頃					○	○	○	○	
シナイティキュス・コデックス		○	○		○	○	○	○	
シリア語					○	○	○	○	
アタナシウス 367年	○		○		○	○	○	○	
エピファニオス 370年					○	○	○	○	
ナギアンゾスのグレゴリオス					○	○	○	○	
アウグスティヌス 393年					○	○	○	○	
ペッシータ 400年頃					○	○	○	○	
古ラテン語					○	○	○	○	
ヒエロニムス		?	?		○	○	○	○	?
テオドレトス 423年頃					○	○	○	○	
アレキサンドリヌス・コデックス				○	○	○	○	○	
ベザエ・コデックス					○	○	○	○	
ゲラシウス教皇令 500年頃			×		○	○	○	○	×
ヴルガタ 546年					○	○	○	○	
ビザンティウム 550年頃					○	○	○	○	
ルター 1546年					?	?	?	○	
トレント 1546年					○	○	○	○	

凡例：○＝受け入れ　×＝拒否　？＝議論の対象　M＝変更後受け入れ

第二章　新約聖書の諸版

新約聖書の読者は誰でも、自分が読んでいるテキストは、印刷術が出現するよりもずっと以前の時代に書かれた、ということを念頭においておかねばならない。このことには、いくつもの意味がある。普及のための機械的方法が存在しない時代には、テキストの再生産は、写本生の能力ないし無知に依存している。読み誤り、綴りの誤り、同義語による変更、文字や言葉の入れ替わりなどが、頻繁に生じる。しかも、印刷技術によって必要となった著者・出版者・植字工の区別が、はっきりしていなかった。写本生や編纂者は、補完したり、修正したり、削除したりする権利をもっていた。

新約聖書の読者はまた、初期教会における神学上の基本的な二つの原則を思い出さねばならない。一方に、キリストの再来がさし迫っているという信念があった。仮りの状態で生きているときに、伝達や保存を気にかける理由があるだろうか。他方に、福音は口頭で宣するものという考え方があった。生きた言葉が書かれた言葉に優先しており、したがって現実に対応して変化することが可能だった。

またテキストの伝達のあり方は、教会の歴史的展開とその組織のあり方に従属していた。教会は、最初の四世紀のあいだ、非合法で、地方ごとの小さな集合だった。四世紀末からローマ帝国の公式の宗教となり、大規模な知的躍進が生じて教会は、みずからがおかれている状況を改善し、みずからのテキストを整理しようとした。ローマ帝国の末期になると教会は中央集権的となり、修道院を中心とする集団となって、二つの総大司教の権威（ローマとコンスタンチノープル）によって指導されるようになり、新約聖書のテキストを基準とするようになる。宗教改革はオリジナルのテキストに立ち戻ると主張し、いくつもの宗派への分裂を生じさせる。宗教改革のこの激動に直面して教会は、新たな二つの基準を再定義する。すなわち、ギリシア語の「テクトゥス・レケプトゥス」（受け入れられたテキスト）と、ラテン語の「シクストゥス・クレメンスのヴルガタ」版である。十八世紀から教会は、近代的文献学とかかわらざるをえなくなり、また新約聖書についての議論を独占できなくなって、テキストを科学的に確定する作業が進められる状況を前にして、教会もこれに参加するようになる。

またテキストの伝達のあり方が、テキスト筆記上の技術の展開を追うようにして変化している。当初、テキストは、パピルスに記されていた。パピルスのテキストは考古学上の調査によって発見されているが、きわめて断片的な状態でしか存在していない。ついでテキストが羊皮紙に記される時期になる。羊皮紙のテキストは、教会の制度——とくに修道院——において伝達された。また当初 テキストは「オンシアアル」のものだった。つまり「オンシアル」の文字、すなわち大文字で記されていた。ついで小文字で記されるようになる。そして、印刷術が登場して、印刷されたテキストが現われる。

正文批判の研究では、印刷されたテキストに先立つあらゆる写本テキストの存在が指摘されることになっている。いわゆる「写本」はギリシア語テキストのことであり、「訳文」はラテン語・コプト語・シリア語などの翻訳版のことであり、「校訂」は、テキスト上の多様性を減らすために学者たちによってなされた校訂版作成の作業のことである。

I　テキストの多様性（二〜四世紀）

1　オリジナルのテキスト？

テキストが最初はどのような状態だったのか、オリジナルのテキストが存在したのかは、憶測の対象となる程度がきわめて高い問題である。いくつもの問題が、答えのない状態にとどまっている。口頭の表現の役割がいかなるものかという問題は、イエスについてのさまざまな伝承の伝達にかかわるだけでなく、最初のテキストの伝達にもかかわっている。一つの版のテキストしかなかったのか、いくつもの版があったのかという問題は、たとえば第四福音書についてすでに見た。地方ごとの神学やその他の必要性にテキストを適応させる可能性についての問題もある。いくらか保存されているテキストは、きわめて断片的なので、こうした困難な問題を解決するには不充分である。P[52]（レイナルズ図書館、マンチェスター）は、一二五年のもので、ヨハネ一八：三一～三三、三七～三八のテキストである。P[66]（ボドマー図書館）は、二〇〇年ころのもので、ヨハネ一～二一章のテキストである。P[75]（ボドマー図書館）も、二〇〇年ころのもので、ルカ三～二四章およびヨハネ一～一五章のテキストである。

2　初期の改訂と初期の翻訳版

最初の改定——最初の改訂は、マルキオンおよびタティアノスによって行なわれた（前の章を見よ）。マルキオン版の断片がいくつかが、テルトゥリアヌスの『マルキオン反駁』とエピファニオスの『パナリオン』のなかに保存されている。また『ディアテッサロン』は、アラビア語訳、ドゥラ・エウロポスで発見されたギリシア語の小さな断片、四世紀にシリア語で書かれたエフライムの注釈におけるアラム語の翻訳で知られている。

初期のラテン語版——ヒエロニムスの著作より前の時代の初期のラテン語版が知られている。このラテン語版は、ヒエロニムスのものより文学性が劣っており、「古ラテン語（版）」（Vetus latine）ないし「イタラ」(Itala) と名づけられている。古ラテン語版は、二つの状態で保存されている。「アフリカ的」な状態のものは、カルタゴのキプリアヌス司教が用いたもので、「コデックス・k・バビエンシス」および「コデックス・h・フロリアケンシス」に保存されている(四~五世紀、それぞれボッビオ修道院およびサン・ブノワ・シュル・ロワールのフルリ修道院に由来している)。「ヨーロッパ的」な状態のものは、「コデックス・a・ウエルケレンシス」および「コデックス・b・ウエロネンシス」に保存されている(四~五世紀、それぞれベルセリおよびベロナに由来している)。

初期のシリア語版――「古シリア語版」と呼ばれる初期のシリア語版も知られている。二つの写本が、代表的である。シナイ版 ($sy(r)^s$) は、四世紀末のパリンプセッス(元の文字を消した羊皮紙)の写本で、一八九二年にシナイで発見された。キュレトン写本 ($sy(r)^c$) は五世紀の写本で、一八五八年にキュレトンによって出版された。

こうした初期の翻訳版は、資料として意義があるだけではない。これらのテキストは翻訳ではあるが、初期のギリシア語写本よりも古いテキストの状態が反映されていることがあり、四つの福音書の改訂作業と、正典成立の展開について、貴重な情報源となることがある。

II　教会によるある程度の整理（四〜九世紀）

1　ギリシア語テキストの四つの状態を作りだした四つの校訂

諸地方の教会で学者たちが作業を行なって、写本の訂正を行なうようになる。初期のものとして、三つの大きな流れが認められる。

パレスチナ（カイサリア）におけるカイサリア・テキスト――このテキストはオリゲネスが用いたが、内容はあまり知られていない。保存されているテキストの数が少なく、欠落が多いからである。「コデックス・Θ・コリデンティ」は、コーカサスにあるコリデンティ修道院に由来し、九世紀のものである。それから、小文字写本の二つの写本グループがある。f^1、「レイク」写本グループ（十二世紀）および f^{13}「フェラー」写本グループ（十三世紀）である。オンシアル（つまり「大文字」）写本はない。

エジプト（アレキサンドリア）におけるアレキサンドリア・テキスト――表現が短いことが多く、ギリシア語の誤りが維持されている。とくにマルコ福音書の生硬なスタイルが維持されている。この流れのテキストは、十九世紀以来、オリジナルのスタイルに最も忠実なものだと考えられて、テキスト批判を経たうえでの印刷版および近代の翻訳版のほとんどの底本になっている。以下の写本がこの流れの代表的なものである。

コデックス・א・シナイティキュス――三五〇年頃のもの。一八四四年に、シナイのサント・カトリーヌ修道院でコンスタンタン・ド・ティチェンドルフによって発見された。彼はある程度の繊細さをもってこの写本を手に入れ、ロシアに献上したが、ロシアはこれを一九一七年に大英博物館に売却した。

コデックス・A・アレキサンドリヌス――使徒行伝・手紙・黙示録についての五世紀のものである。この写本はエジプトで作られ、一〇九八年以降はアレキサンドリアの主教が所有していたが、一六二八年にロンドンにもたらされた。

コデックス・B・バチカヌス――四世紀のもの。一四七五年から一四八一年のあいだにバチカン図書館に入った。

コデックス・C・エフラエミ・レスクリプトゥス――五世紀のもの。十二世紀にシリア人エフライムの論文が聖書原文の上に重ねて書かれている。パリに保存されている。

コデックス・Ψ・アトス・ラウレンシス――九世紀のもの。アトス山に保存されている。

アンティオキアにおけるシロ・ビザンチン・テキストないし西方テキスト――この流れがアレキサンドリア型のテキストに対して優位にあるということについては、反論が呈されることが多い。しかしこの流れが、最も古いと思われる。困難な箇所を緩和し、諸福音書間を調和させ、文体上の誤りを減らすような読みが多い。文体上の誤りの訂正は、とくにマルコ福音書についてあてはまり、連辞省略、スタイル上の断絶、贅語、外国語の単語などに関するものである。使徒行伝については、かなり長いテキストの読みが記されていることがある（科学的な翻訳版では、ほとんどの場合、注において指摘がなされている）。このために専門家のなかには、西方型のテキストを優位とする者もいる。以下の写本がこの流れの代表的なものである。福音書と使徒行伝については、「コデックス・D・ベザエ」、五世紀のもので九世紀以来、リヨンに保存されていた。一五六一年にテオドール・ド・ベーズが購入し、一五八一年にケンブリッジ大学に与えられた。パウロの手紙については、「コデックス・D・クラロモンタヌス」、六世紀のものでクレルモン・アン・ボベシの修道院でテオドール・ド・ベーズが購入した。この版は、古い時代のラテン教父たちが用いていた。

これらよりも時代があとになって、おそらくシリアのアンティオキアで、最後の校訂版がつくられた。「ビザンチン版」である。西方型とアレキサンドリア型のテキストを参照したものになっている。表現の豊かな読みが保存されていて、華麗さと調和を重んじる傾向が認められる。文体上の誤りが、徹底的に修正されている。ビザンチン版はコンスタンチノープルに伝わり、オリエントの総主教のもとで公式のテキストとなり、こんにちでもギリシア正教教会で用いられている。この流れの写本は、数多く存在する。無数の小文字写本があり、その他のものとして以下の写本を指摘しておく。福音書については、「コデックス・A02・アレクサンドリヌス」。また六世紀の「デラックス」な一連のコデックス。これらは紫に染められた羊皮紙に書かれ、金のインクが用いられていることもある。「コデックス・N・プルプレンス・ペトロポィタヌス」「コデックス・O・シノペンシス」「コデックス・Φ・ベラティヌス」が挙げられる。

コラム　校訂版のあいだの相違の三つの例

1　文体の修正——革袋のたとえ（マルコ二：二二）。

アレキサンドリア型テキスト（コデックスℵ、B、C）。「新しいぶどう酒を古い革袋には入れない。そうでないと、ぶどう酒が革袋を破いてしまい、ぶどう酒が失われ、革袋も失われる。新しい酒は新しい革袋に入れるのである」。

西方型テキスト（コデックスD）。「新しいぶどう酒を古い革袋には入れない。そうでないと、ぶどう酒が革袋を破いてしまい、ぶどう酒が失われ、革袋も失われる」。

コデックスDの写本生が、内容の繰り返しになる文は不手際だと考えて、文体を流暢なものにするためにこの文を削除したのは、明らかである。

2　他の福音書との調和――パンの増加の場面のあと。

アレキサンドリア型テキスト（コデックスℵ、B、C）。「その後すぐ、彼は弟子たちと小舟にのり、ダルマヌタの地域に行った」。

西方型テキスト（コデックスD）。「その後すぐ、彼は弟子たちと小舟にのり、マジュダンの地方に行った」

パレスチナ型テキスト（コデックスΘ、f^{1}、f^{13}）。「その後すぐ、彼は弟子たちと小舟にのり、マグダラの地方に行った」。

「マジュダンの地方」という読みは、並行箇所であるマタイ一五：三九で再び採用されており、「マグダラ」はこの地方の最も普通の名である。「ダルマヌタ」は他には例がなく、正確な場所はわかっていない。このために写本生が変更を行なったと考えられる。

3　使徒行伝における西方型校訂の長いテキスト――フィリピで投獄されたパウロと彼の友人たちの解放を、看守たちが告げる（使徒行伝一六：三九）。

D以外のすべての校訂版。「彼らは彼らに話しに来て、そして彼らを釈放して、彼らは彼らに町から去るよう頼んだ」。

西方型の校訂版（D）。「そして多くの友人たちと牢屋に行って、彼らは彼らに出るように頼んで、言った。「私たちは、あなた方の事件のことは知らない。あなた方が正しい者たちであるように願う」。そして彼らを出したあと、次の言葉で彼らは彼らにうながした。『この町から出なさい。あなた方について叫んでいる者たちが、あなた方に反対して再び集まる前に』」。

Dでは、はるかに物語的な異文が採用されている。

2 新しい翻訳版

こうした文献学的作業と並行して、数多くの翻訳がなされている。

ラテン語――「ヴルガタ訳」。ヒエロニムスの業績である。ヒエロニムスは、三四〇年から三五〇年のあいだに、ダルマチアに生まれた。彼は教養のある人物で、信頼のおける翻訳版をつくるようにとの教皇ダマススの要請に応えた。出版のための大規模な作業にとりかかり、まず福音書、ついで新約聖書、そして聖書全体を翻訳した。旧約聖書については、古ラテン語版が七十人訳聖書（ギリシア語）に依拠していたのに対して、ヘブライ語の版に依拠するよう努めた。ヒエロニムスのスタイルはきわめて文学的だが、テキストにきわめて忠実だった。西方型と言われている版には背を向け、ℵを参考にしながら、ビザンチウム型テキストを優先した。ヴルガタ訳は、オキシデントの教会で採用されて、多くの写本が残っている。最良の写本は、おそらく八世紀の「コデックス・A・アミアティヌス」である。たいへん美しく仕上げられている。この写本を作成するのに、羊の皮が五〇〇枚近く必要だったと計算されている。シエナの近くのモンテ・アミアナ修道院で発見された。

シリア語――「ペッシータ」と呼ばれる版がある。これは「単純なもの」という意味である。sy^{p} という記号が使われている。おそらくエデッサの司教ラブラの監督下（四一一～四三五年）で、ビザンチン・テキストから作られた翻訳版である。また「フィロクセニアナ」版（sy^{ph}）は、マブグの単性論の司教フィロクセヌス（四八五年頃）の計画によってつくられた。「シロ・パレスチナ」版は、ギリシア語のテキストに大きな影響を受けている。

コプト語（エジプトの言語）――いくつもの版があり、それぞれの方言のものがある。サヒド方言のもの（cop^{sa}）、ボハイル方言のもの（cop^{bo}）、などがある。

その他の数多くの言語も指摘できる。アルメニア語、グルジア語、エチオピア語、アルバニア語、アラビア語、ゴート語、古代ゲルマン語、である。西ゴートの司教ウルフィラがつくったゴート語の翻訳は、「コデックス・アルテンテウス」に見られる。この写本は、銀色のインクで書かれており、六世紀のものである。

III　標準化されたテキストから印刷されたテキストへ（九〜十九世紀）

結局のところ、教会および政治における大変動が生じて、テキストの多様性が減少することになる。アラブの征服により、エチオピアのキリスト教は終焉する。このためにアレキサンドリア型のテキストが消滅する。ビザンチン型のテキストが採用されたために西方型のテキストが消滅する。教会の東西分裂が生じて、ビザンチン型のテキストがオーソドックス教会の正式なテキストとなる。オキシデントの修道院活動が最盛期となり、教皇の力が次第に強くなり、ラテン語が一貫して用いられたために、ヴルガタ版が決定的に高く評価されることになる。さらに、ルネサンスになってギリシア語が再発見され、宗教改革において聖書テキストへの関心が生じると、オキシデントにおける状況が大きく変化する。

1　ギリシア語──「受け入れられたテキスト」から科学的テキストへ

新約聖書のギリシア語テキストの再発見は、出版上の戦いにおいて開始された。トレドでフランシスコ・ヒメネス枢機卿は、大規模な出版準備の作業を始め、その成果はアルカラで一五二〇年に印刷されたポリグロットの聖書として結実する。この企ては誠実なものだったが、出版された書物はあまり成功しなかった。これに対してエラスムスのぞんざいな仕事――ビザンチン型の遅い時期の写本を用い、修正を勝手に行ない、黙示録の末尾についてはラテン語から逆翻訳をあえて行なった――は、一五一六年に出版されて、大きな反響を呼んだ。エラスムスのテキストは、エチエンヌによって修正される(一五五一年)。彼は目覚しい校訂作業を行ない、節の区分を導入した。ついでテオドール・ド・ベーゼによって校正がなされ、さらにエルセフィル兄弟によって一六二四年に印刷されたものが「皆によって受けいれられたテキスト」とされるようになる。

「受け入れられたテキスト」が文献学者たちによって批判されるようになるのは、十九世紀になってからである。グリースバッハ(一七四五~一八一二年)、ついでラッハマン(一七九三~一八五一年)が、新約聖書の科学的な校訂版の基礎をすえ、ティッシェンドルフ(一八一四~七四年)、ついでウェスコット(一八二五~一九〇一年)およびホート(一八二八~九二年)が完成した。これと並行して、H・フォン・ゾーデン(一八五二~一九一四年)の大規模な作業によって、さまざまなテキストのグループ化の理論が確立され、アレキサンドリア型テキストが最優先のものとされるようになる。アレキサンドリア型テキストは、現在の印刷版テキストである ***Nestle-Aland*** 版および ***Greek New Testament*** が依拠するテキストとして用いられている。しかし、西方型テキストの価値を認めようという声が上がっており、またビザンチン型テキストの価値が支持されることもある。

2　ラテン語――「シクストゥス・クレメンスのヴルガタ」から科学的テキストへ

ヴルガタ版についてさらに信頼性のある版を作ることが必要であることは、トレント会議において認められ、修正した版の出版が一五四六年に要請された。校訂作業は、シクストゥス五世によって、一五八六年にはじめられ、一五九〇年に最初の版が出版されたが、これは質の悪いものとされている。作業は再開され、クレメンス八世の在位のとき、一五九二年に終了した。こうした事情に、「シクストゥス・クレメンスのヴルガタ」という名が由来している。この版は、カトリック教会によって正式なものと認められた。二十世紀になって、最初の再検討がピウス十世によって要請され、一九七九年に第二の版、つまり「新しいヴルガタ版」が、ヨハネ・パウロ二世によって出版されている。これと並行して「古ラテン語」の科学的校訂版が、カトリックの者たちによって準備中である。

3　翻訳版の多様性

新約聖書のテキストについての科学的研究がなされ、翻訳技術も進歩したために、宗教改革以来、きわめて数多くの聖書の翻訳がなされるようになった。ルターは、世俗の言語で聖書を読むことを勧め、彼自身、ドイツ語に聖書を翻訳して（一五一〇〜二二年）、聖書翻訳に決定的な刺激をあたえた。フランスでは、改革的な傾向のジャック・ルフェーブル・デタープル（一四五〇〜一五三六年）が、最初のフランス語訳を実現し（一五二三年）、一五三五年にピエール・オリベタン（一五〇六〜三八年）がこれを修正した。英国では、マシューの版（一五三七年）のあと、一六一一年に出版された「王の聖書」（King James' Version）が英国教会の正式の翻訳版になった。

十九世紀および二十世紀には、プロテスタントの聖書協会（Cansteinsche Bibelanstalt、ついでWürttembergische Bibelanstalt、そしてDeutsche Bibelstiftung、British and Foreign Bible Society、Alliance Biblique française）において、新約聖書が五〇〇以上の言語に翻訳され、部分的には一九七八の言語に翻訳されている。一八一五〜一九八四年のあいだに、三〇億冊近くが出版されたと見られている。

フランス語では、多様な翻訳が存在しており、それぞれが別々の読者層を対象としたものになっている。次のような翻訳を、指摘することができる。

「ルメートル・ド・サシ」の聖書——一六六七年に出版された、古い翻訳である。ジャンセニスム的傾向があって、長いあいだ非難の対象にされてきたが、依拠すべき翻訳版として用いられることも多かった。

「プレイアッド版」聖書（ガリマール書店）——一九五六〜一九七一年に、エドゥアール・ドルムの監修のもとに三巻本で出版された。注は、神学的であるよりも、文献学的である。翻訳の質は玉石混淆である。有名な「プレイアッド叢書」には、『中間時代文書』があり、文書の多くはクムランからのものである。また『キリスト教外典文書』がある。

「エルサレム」聖書（セール書店）――カトリック的。エルサレムの聖書学校のドミニコ会士たちの管理のもとに、一九四六～一九五四年に分冊で出版され、一九五六年に一冊本が出版され、一九七三年および一九九八年に改訂された。オリジナルのテキストにきわめて近いものとなっており、華麗さよりも正確さを優先させている。

「スゴン版新」聖書（アリアンス・ビブリック・ユニヴェルセル）――二〇〇二年に出版された。二十世紀初めにルイ・スゴン牧師によってなされ、プロテスタント側で大成功をおさめた翻訳の、最新の校訂版である。翻訳は、かなり古典的な雰囲気のもので、良質の注とアパラ・クリティック〔写本による異文ついての情報〕がついている。

「エキュメニスム翻訳」聖書（TOB）（セール書店およびアリアンス・ビブリック・ユニヴェルセル）――一九六〇年代の末に、プロテスタントおよびカトリックの者たちが共同で作業を行なった。一九七五年に出版され、一九八八年に改訂された。「エルサレム」聖書のようにこの翻訳も、「テキストに、ぴったりと忠実である」。しかし華麗さにきわめて大きな配慮をしていることが認められる。

「オスティ版」聖書（スイユ出版）――一九七三年に出版された。ふたりのカトリック司祭――教会参事会員エミール・オスティとP・ジョゼフ・トランケ神父――の仕事である。注が古くなってしまっているところもあるが、この翻訳版が最も傑出したものであることは間違いない。テキストに忠実であり、きわめて華麗である。

「パロール・ド・ヴィ」聖書（アリアンス・ビブリック・ユニヴェルセル）――エキュメニスムのスタッフによって一九九六〜二〇〇〇年になされた翻訳である。フランス語圏でフランス語を充分に使いこなすことのできない読者を対象としたものである。

「聖書、新翻訳」（バイヤール書店、二〇〇一年）――聖書研究者たちと、ユダヤ人あるいはキリスト教徒の不可知論の作家たちの共同の仕事である。新しく、そして文学的で、翻訳の習慣を破るような版を提供しようとする企てになっている。

付録1　新約聖書の内容についての備忘録

嵐を鎮める奇跡の物語は、どこに記されているのか。オリエントから来た博士たちのことは、どの福音書で語られているのか。絵画を理解したり、文学作品が何に依拠しているのかを知ったりするためには、諸福音書のどこに何が記されているのかがわかっていると役に立つことがある。小さな「聖書箇所ガイド」がなくては、この入門書は不完全だろう。ただしここで示す「聖書箇所ガイド」は、あくまで実用的で簡単な備忘録でしかない。

クラシックな「共観福音書比較表」と違って、ここでは主題別に整理を行ない、四つの福音書の物語の時間の経過について調和は図っていない。

1　諸福音書の共通の大筋

すでに述べたように四つの福音書は、厳密に並行関係になってはいない。しかし三つの段階の時間の流れが枠組になっている点については、共通している。すなわち、公的な宣教の開始、イエスの逮捕と受難、イエスの十字架刑と復活、である。

	マタイ	マルコ	ルカ	ヨハネ
イエスは、洗礼者ヨハネによって洗礼を受ける――ヨルダン川での洗礼者ヨハネによるイエスの洗礼（ヨハネ福音書では、話題にされるだけである）は、イエスの公生涯の開始点になっている。	三：一～一七	一：二～一一	三：一～二三	一：一五～三四
イエスは、弟子たちを招く――弟子たち（「使徒たち」と呼ばれることが多い）の数と名は、福音書によって異なる。	四：一八～二二	三：一三～一九	六：一二～一六	一：三五～五一
イエスは、神殿の商人たちを追い出す――このエピソードは、すべての福音書に記されている。ただしヨハネ福音書では、イエスの公生涯の冒頭のことになっている。このエピソードは、イエスの死についての政治的な説明になっている。イエスは、貴族階級の財源を危険な状態に陥れているのである。ヨハネ福音書では、神学的な解釈がほどこされている。	二一：一二～一六	一一：一五～一八	一九：四五～四八	二：一四～二五
（イエスの生涯の最後に） **イエスは、勝利に満ちたエルサレム入城を行なう**――イエスは、子ロバに乗っ	二一：一～一一	一一：一～一一	一九：二九～四四	一二：一二～一九

	マタイ	マルコ	ルカ	ヨハネ
て、エルサレムに王として入城する。マタイ福音書でこの入城は、イザヤの預言と結びつけられている。				
最後の食事——四つの福音書のすべてに記されているが、それぞれ異なった扱われ方になっている。マルコ、ルカ、マタイでは、ここに聖餐の創始の物語が置かれている。ヨハネでは、聖餐の創始の物語が洗足の創始の物語に置き換えられており、一連の大演説がなされる場となっている。	二六：一七～三〇	一四：一七～二六	二二：一四～三八	
イエスに対する陰謀、ユダの裏切り。最後の食事の際にユダは、イエスによって指名される。	二六：一四～一六 二一～二五	一四：一～一一 一八～二一	二二：一～六 二一～二三	一三：二一～三〇
使徒たちの否認についての告知	二六：三一～三五	一四：二七～三一	二二：三一～三八	一三：三六～三八
逮捕	二六：四七～五六	一四：四三～五二	二二：四七～五三	一八：一～一二
大祭司カイアファの前のイエス——イエスはユダヤ人たちによって有罪とされる。	二六：五七～六八	一五：五三～六五	二二：五四	一八：一五～二三

ペトロの否認	二六：六九〜七五	一四：六六〜七二	二二：五五〜六二	一八：二五〜二七
総督ピラトの前のイエス――イエスはローマ人たちによって有罪とされる。	二七：二〜一四	一五：一〜五	二三：一〜五	一八：二八〜三八
バラバ――バラバは強盗であり、特赦についての権利の執行に関して群衆が、イエスよりもバラバを選択する。	二七：一五〜二六	一五：六〜一五	二三：一三〜二五	一八：三九〜四〇
有罪判決	二七：二六	一五：一五	二三：二五	一九：一三〜一六
十字架刑	二七：三二〜三八	一五：二二〜二八	二三：三三	一九：一七〜二四
イエスの死	二七：五〇	一五：三七	二三：四六	一九：二八〜三〇
埋葬	二七：五七〜六六	一五：四二〜四七	二三：五〇〜五五	一九：三八〜四二
墓での女たち	二八：一〜七	一六：二〜七	二四：一〜八	二〇：一〜一八

2　子供時代物語

イエスの公生涯に先立つ部分について、諸福音書の立場は分かれている。マルコ福音書では、この部分の出来事は完全に無視されている。ヨハネ福音書では、イエスを神の言葉（ロゴス）に同定する神学的なプロローグによって、この部分の物語が置き換えられている。マタイ福音書では、ヨセフ、博士たちの礼拝、エジプトへの逃亡のことが語られている。ルカ福音書では多くのことが語られており、二つの告知（マリアへ、ザカリアへ）、神殿への二つの奉献（誕生の数日後、および少年時代）のことが述べられている。

①ヨハネ（ロゴス）	一：一〜一四
②マタイ（博士たち、およびエジプトへの逃亡） 系図 ヨセフの疑い 博士たちの礼拝 エジプトへの逃亡およびエジプトからの帰還	 一：一〜一七 一：一九〜二五 二：一〜一二 二：一三〜二三
③ルカ（ふたつの訪問とふたつの告知） 洗礼者ヨハネについてのザカリアへの告知 受胎告知 訪問 洗礼者ヨハネの誕生	 一：五〜二五 一：二六〜三八 一：三九〜五六 一：五七〜八〇

イエスの誕生	二：一～二〇
神殿への奉献	二：二二～三九
博士たちに囲まれたイエス	二：四一～五〇
ナザレでの生活	二：五一～五二

3　共通の大筋にはない、イエスの生涯の主要な出来事

ここでは、物語の順序に従うよう試みる。

	マタイ	マルコ	ルカ	ヨハネ
①公活動の期間				
砂漠での誘惑	四：一～一一	一：一二～一三	四：一～一三	
「あなたは岩である」	一六：一三～二〇	八：二七～三〇	九：一八～二一	
ザカリア			一九：一～一〇	
洗礼者の死	一四：一～一二	六：一四～二九	九：七～九	
赦された罪の女				七：三六～五〇
姦淫の女				八：一～一一

	マタイ	マルコ	ルカ	ヨハネ
マルタとマリアの家でのイエス			一〇：三八～四二	
②癒しと奇跡				
カナの婚礼				二：一～一一
パンの増加	一四：一三～二一	六：三〇～四四	九：一〇～一七	六：一～一五
七つのパンの増加	一五：三一～三九	八：一～一〇		
銀貨の奇跡	一七：二四～二七			
嵐を鎮める	八：二三～二七	四：三六～四一	八：二二～二五	
水上歩行	一四：二二～三六	六：四五～五三		六：一六～二一
トランスフィギュラシオン（変幻）	一七：一～一三	九：二～一二	九：二八～三六	
ペトロの姑の癒し		八：一四～一七	一：二九～三四	四：三八～三九
ヤイロの娘の癒し	九：一八～二六	五：二一～四三	八：四〇～五六	
犠牲浄めの池の癒し				五：一～四七

「レプラ」患者の癒し	八：二～四	一：四〇～四五	五：一二～一四	
百人隊長の僕《しもべ》の癒し		八：五～一三		七：一～一〇
耳が聞こえず口が利けない悪霊憑きの癒し		一二：二二～三七	三：二二～三〇	一一：一四～二六
シロ・フェニキアの女の娘の癒し		一五：二一～二八	七：二四～三〇	
エリコの盲人たちの癒し		二〇：二九～三四	一〇：四六～五二	一八：三五～四三
ナインのやもめの息子の癒し				七：一一～一七
ラザロの復活				一一：一～四五
③主要な教え				
ニコデモとの対話				三：一～二一
サマリアの女との対話				四：四～四二
山上の説教	五：一～七		六：一七～四九	
任務活動の演説	九：一一～三五	六：七～一三	九：一～六	

	マタイ	マルコ	ルカ	ヨハネ
命のパンについての演説				六：二二〜七二
内的浄さについての演説		一五：一〜二〇	七：一〜二三	
兄弟愛の生活についての演説	一八：一五〜三五			
神殿での説教				七：一一〜五三
神の子についての演説				八：一二〜五九
良き牧者についての演説				一〇：一〜二一
福音的演説			一二：一〜五九	
④たとえ				
種	一三：三〜二三	四：二〜二五	八：四〜一八	
良い種と毒麦	一三：二四〜四三			
からし種	一三：三一〜三二	四：三〇〜三四		
パン種	一三：三三			

隠された宝	一三：四四			
真珠	一三：四五～四六			
網	一三：四七～五一			
失われた子羊、銀貨、放蕩息子		一八：一二～一四		一五：一～三二
良いサマリア人			一〇：二五～三七	
実のならないいちじくの木			一三：一～九	
宴会			一四：七～二四	
不実な管理人			一六：一～一八	
悪い金持ち			一六：一九～三一	
ブドウ園の労働者	二〇：一～一六			
ふたりの息子	二一：二八～三二			
ブドウ園の借地人	二一：三三～四六	一二：一～一二	二〇：九～一九	
婚礼の客	二二：一～一四			

	マタイ	マルコ	ルカ	ヨハネ
十人の乙女	二五：一～一三			
タラント	二五：一三～三〇			

4　福音書以外にある有名な箇所

①使徒行伝	
昇天	使徒行伝一
ペンテコステ	使徒行伝二
ステファノとその殉教	使徒行伝六～八
フィリポと宦官	使徒行伝八：二六～四〇
パウロの回心	使徒行伝九：一～三一
アテネの哲学者たちにパウロが嘲弄される	使徒行伝一七：一六～三四
パウロの遭難	使徒行伝二七
②手紙	
使徒たちの苦しみ	第一コリント書四：一～一三、第二コリント書六：三～一三
「わたしには、すべてが許されている、しかしすべてがわたしに益になるのではない」	第一コリント書六：一二～二〇
「ユダヤ人たちのなかのユダヤ人、異邦人たちのなかの異邦人」	第一コリント書九：一九～二三
霊の賜物	第一コリント書一二

愛の賛歌	第一コリント書一三
信仰告白と死者の復活	第一コリント書一五
パウロの幻と肉の棘	第二コリント書一二：一～一〇
「神は、「アバ、父よ」と叫ぶ子の霊をわたしたちの心に送った」	ガラテヤ書四：一～七
エフェソ書の賛歌	エフェソ書一：三～一四
神の武具	エフェソ書六：一〇～二〇
フィリピ書の賛歌	フィリピ書二：五～一一
コロサイ書の賛歌	コロサイ書一：一五～二〇
死者たちの運命	第一テサロニケ書四：一三～一八
「わたしは、良き戦いを戦った」	第二テモテ書四：六～八
舌は、悪の源	ヤコブ書三
「生きた岩」	第一ペトロ書二：四～一〇
古い掟と新しい掟	第一ヨハネ書二
神の子において生きる	第一ヨハネ書三
神から来るものを認める	第一ヨハネ書四
③黙示録	
神の子羊	黙示録五
七つの封印	黙示録六～八
七つのトランペット	黙示録八：六～一一、一九
女と竜	黙示録一二
二匹の獣	黙示録一三
大淫婦	黙示録一七
新しいエルサレム	黙示録二一：九～二二、五

付録2　新約聖書解釈の方法と解釈の当事者

あらゆる文学的テキストと同様に新約聖書も、多様な解釈がなされてきた。釈義家たちの立場は、文学批評の展開に沿ったものとなることが多く、またときとして文学批評に先立つこともあった。釈義家たちはまず、著者たちと執筆の状況に関心を抱き、それからテキストそのものと読者たちに関心が向けられるようになった。

1　テキスト成立の状況についての分析——テキストの背後の世界

批評の最初の形態においては、テキストを歴史のなかに位置づける努力がなされた。著者は誰なのか。著者は、どのような影響を受けたのか。当時の社会的・文化的な文脈のなかで、著者はどのような位置を占めていたのか。こうした分析のさまざまな技術は、たがいに大きな相違がある場合があったにしても、「歴史・批評的方法」という名でまとめられていた。

資料批判——新約聖書の解釈において最初に到来したのは資料批判であり、十八世紀にすでに開始された。資料批判においては、テキストの著者がどのような資料を用いたのかが研究された。したがってこの研究では、ヘブライ的、ユダヤ的（とくにディアスポラのユダヤ教）、ギリシア・ローマ的、オリエント的といった影響を見定めることが企てられた。また著者たちがどのような文書を用いたかについても、研究がなされた。福音書の最初の文書、伝承、イエスの言葉の集成など、である。共観福音書の問題を解決するためにQ資料を同定し分析することが、資料批判の主要な関心事のひとつになっていた。最近になると、中間時代の文学（旧約聖書の執筆の終了と新約聖書の執筆のあいだの時代の文学）の分析、偽書のテキストによってもたらされる観点の評価が、資料批判の研究において本格的に行われるようになっている。

様式史学派（Formgeschichte）――この研究は、ギュンケルの研究によって刺激されて、十九世紀末に生まれ、ふたつの基本的な著作――M・ディベリウスの『諸福音書の様式史』（チュービンゲン、一九一九年）とR・ブルトマンの『共観福音書伝承の歴史』（ゲッチンゲン、一九二一年）――によって確立した。この研究では、福音書というジャンルはかなり定型化した形態の一連の小さな単元（ペリコーペ）をまとめるものだという前提がなされたうえで、諸福音書の成立に優先的に関心が向けられた。こうした形態のそれぞれがどうして生じたのかは、生成の状況（「生活の座 Sitz im Leben」）によって了解できる。この生成の状況は、物語や伝承をすぐに作り出してしまうような民衆起源のキリスト教のさまざまな集団に存していると、様式史研究では考えられ、このことについてはいろいろと非難がなされることになった。この学派のおかげで、言葉や物語からなる数多くの諸形態――たがいに区別される諸形態――が同定されるようになった。「アポフテグマ」(物語の枠組にはめこまれた言葉)やイエスの宣告(預言的な言葉、黙示的な言葉、たとえ、など)である。物語には、伝記的伝説と奇跡物語がある。たとえばブルトマンは(『共観福音書研究』ベルリン、一九六六年)、奇跡物語には三つの段階があると分析した。病気の状態の提示、いわゆる癒しの物語、そして二つの段階の結論である。この二つの段階とは、証人たちの驚きと、癒しの成功の確認である。

編集史学派(Redaktiongeschichte)——資料批判と様式史学派のあとに登場した編集史学派では、テキスト成立における執筆者自身の貢献を見きわめることが試みられた。執筆者は自分の資料を、どのように解釈したのか。このことには、当然ながら、執筆者の手元の資料がどのようなものかについてのイメージがわかっているということが前提となっており、資料についてのこうしたイメージは、多くの場合、理論的な再構成によって見つけだされる。編集史学派の古典的なふたつの著作を、指摘しておく。W・マルクスセンの『福音書記者マルコ』(ゲッチンゲン、一九五六年)とH・コンツェルマンの『時の中心』(チュービンゲン、一九五四年)である。

社会科学の方法——社会科学でのさまざまな方法を用いることによって、初期キリスト教の社会的・文化的文脈に焦点があてられる。フランス人たちが「新しい歴史」と名づけているものである。すなわち、経済的諸条件についての説明、社会階層・生活の諸条件・執筆活動の物質的諸条件についての記述、などである。この方法では、初期の諸共同体のほとんどが都市に基盤をおいたものだったこと、キリスト教運動の成員の社会的構成の様子、についても強調されている。また最近になって、社会人類学・民俗学にも依拠するようになっている。

2　テキストとしてのテキストについての分析——テキストの世界

新約聖書のテキストは、歴史的証言であるとともに、文学的著作でもある。したがって新約聖書の解釈は、文学批評の方法からも着想を得ている。

テキスト批評——すでに見たように、テキスト批評の作業の歴史は、初期の校訂の企てにまでさかのぼる。テキスト批評の目的は、「より良い」テキスト、すなわち原本に最も近いテキスト、を再構成することである。諸写本（パピルスの巻物、綴じ本、など）の比較と異文の分析によって、作業が進められる。

構造的方法——記号学ではテキストが、その「内在性」において、すなわちテキストの外部についての考慮をすべて排したうえで、検討される。これは構造主義に刺激を受けた結果であり、とくに構造主義の方法のグレマスによる文学への適用に刺激された結果である。この立場では、テキストの意味は、そのさまざまな要素の相互作用によって、テキスト自体において発生する、とされている。第一レベルでは、スタイル上のさまざまな「あや」、文法上の時制や場などとの関連における動きが明らかにされる。

第二レベルで、表面的な形式の構造が引きだされる。この第二レベルで、テキストの論理的な構造――当事者たち、因果関係、時間上のつながり、など――が割りだされる。したがって物語は、次の四つの段階に従って展開することになる。「操作」、何かを実行するようにと、行為者が説得される。「能力」、行為を実行する可能性を、行為者が獲得する。「実践」、行為の実現である。「承認」、行為によって生じた新しい状態についての評価である。第三レベルで、テキストの深奥の構造が明らかにされる。このことによって、検討の対象となっているテキストの記号学的な構造が全体的に了解される。

物語批評の方法――この方法は、一九七〇年代にジェラール・ジュネットの周辺で生じた物語分析のあり方に影響を受けており、また哲学の領域ではポール・リクールに影響を受けている。ロバート・アルターの『聖書物語の技術』(ニューヨーク、一九八一年)が、この方法の出発点として引用されることが多い。この方法では、物語られる出来事や、物語において創りだされている人物たちの歴史的存在についての判断は行なわれず、テキストそのものの世界が検討される。物語批評では、話者・登場人物・筋・出来事といった文学的概念を用いて、物語のさまざまな側面の分析がなされ、著者が用いている文学的技術が明らかにされる。

修辞学的批評――修辞学的批評は、単純な前提から出発している。古代の諸作品は、「修辞学」から大きな影響を受けている。「修辞学」は、聴衆や読者に確信をもたらすうえで実践的に確実となった方法（そして、のちになって理論化された方法）を、演説者ないし著者に提供することを目的としている。したがって修辞学的批評ではテキストを、修辞学の理論書や演説者たちの作品とつき合わせ、テキストへの影響を見極めようとする。

3 イデオロギー的批評

伝統的にキリスト教徒は聖書を、歴史書や文学書としてではなく、宗教的意味をもつテキストとして読んできた。神学では、同時代の読者にとってテキストがどのような意味をもちうるのかを見極めるために、テキストはつねに同時代の状況の枠内で考慮されてきた。一九八〇年代以来、数多くの読解——その多くは、大西洋の向こう側の地域のもの——において、この見地が採用されてきた。その大部分において、「ポスト・モダン」のアプローチが用いられていることが主張されている。さまざまな異質の読解のあり方が可能であることが根拠とされて、先行する読解のあり方が批判されている。たとえば、聖書の解釈者の大部分が西洋の白人だったことが指摘される。女性ならば、黒人ならば、第三世界の住人ならば、どのような読解がなされうるだろうか。

こうしてイデオロギー的批評が、数多く出現する。とくにフェミニスト批評について指摘しておく。フェミニスト批評は、E・シュスラー・フィオレンツァとその著作『彼女を記念して』（ニューヨーク、一九八三年）が創始したとされることが多い。新約聖書に家父長的な影響があることが指摘されたうえで、初期キリスト教における女性たちの役割が（とくに、マリアおよびマグダラのマリアを通して）主張され、たいていの場合、現在の教会における女性の役割の再考が求められている。また第三世界の批評についても、指摘しておく。この批評では、イエスのメッセージが解放をもたらすものであるという性格が強調されている。「少数派」（ホモセクシュアル、ある特定の人種、など）と言われている批評についても、指摘する。この批評では、自分たちの要求を支持するような議論が、テキストの分析において捜し求められている。

用語解説——聖書研究に役立つ用語

愛されている弟子：ヨハネ福音書でイエスの弟子のひとりに与えられている名。「愛されている弟子」は、第四福音書の著者と混同されることが多い。

異邦人、諸国民：非ユダヤ人たち。

ヴルガタ訳：聖ヒエロニムスによって作成された聖書のラテン語訳。

エッセネ派：イエス当時のユダヤ教の党派。エッセネ派の者たちは、マカベア家の者が大祭司に任命されたことで神殿が汚されたと考え、荒野に退いて、黙示的確信に影響された禁欲的な共同体生活を行なった。

エルサレムの「会議」：ガラテヤ書と使徒行伝に記されている教会の主要な指導者たちの会議。おそらく四〇年代末に開催された。非ユダヤ人たちへのパウロの任務活動を評価することが目的だった。

外典：キリスト教の正典に入らなかった著作を指す。外典の福音書、外典の手紙、外典の黙示録がある。たいていの場合これらの文書は、教会の主流からは異端と見なされている。

監督、司教（エピスコポス）：初期共同体で、共同体を監督する任務を負った指導者たちの称号（ギリシア語のエピスコペイン＝何かに目をとどめる）。エピスコポスから、フランス語のエヴェク（司教）が由来している。

偽典的（プシュデピグラフ）：この形容語は、プシュドニミック（偽名の）とほぼ同義である。偽典の著作で著者として名があげられている者は、本当の著者ではない。たとえばパウロのエフェソ書や牧会書簡は、パウロに帰されているが、パウロの弟子たちの一人が本当の著者であることは、ほぼ確実である。

キリスト仮現論（ドセティスム）：キリストは本当は十字架で死んだのではなく、「見かけを示した」（ギリシア語のドケイン＝現われる、……のように見える）と主張するキリスト教の異端。

Q資料：イエスについてのエピソードとイエスの言葉が集められたもので、研究者たちによって再構成された。マタイとルカによって使われたが、マルコは使っていない。

教会教父、教父学：教会教父とは、教会の最初の数世紀の時代の著作家や神学者のこと。教父学とは、彼らについて研究する科学的研究分野のこと。

共観福音書：「共観表」に（つまり、横に並べて）示すことができる三つの福音書を指す。マルコ福音書、マタイ福音書、ルカ福音書、のこと。

グノーシス主義：主流によって「異端」とされているキリスト教の傾向。グノーシス主義では、救いに到達するために知識が優先されている。キリスト教的グノーシス主義は、善の力と悪の力を同列におく二元論であるイランのマニ教の影響を受けている場合がある。グノーシス主義は、禁欲主義の形態をとって、性的関係を拒否することがある。

ケリュグマ：キリスト教の初期の神学の要点を簡潔に表現したもので、宣教活動から受け継いだ衝撃的なさまざまな表現全体のこと。

サドカイ派：イエス当時のユダヤ教の党派。わからないことが多い。フラビウス・ヨセフスは彼らを、ユダヤ人社会上層の者たちとしている。「この教義は、限られた者たちだけに受け入れられているが、彼らは社会の最高位を占めている」（『ユダヤ古代誌』一八：一七）。ヨセフスによれば、彼らには三つの信念があった。魂は死後に生き残らない（彼らは復活を信じない）。善をするか悪をするかについて、人間は完全に自由である。トーラーに記されている掟以外を守る必要はない（ファリサイ派の場合のような口頭の律法は存在しない）。

事後予言（Vaticinium ex eventu）：黙示的演説においてよく認められる。すでに生じた出来事の到来の前に話者が自分を位置づけて（たとえば、自分はアダムだとする）、そのうえでテキストを告知したり、正当化したりする。一種の事後回顧的な幻想である。

釈義：聖書解釈の技術。

正典（カノン）：新約聖書の諸文書のリスト。

節：聖書テキストの区分。章区分と同じように、節の区分がなされたのも遅くなってからである。聖書研究においては、文書名の省略形――これらの省略形は、聖書の巻頭に記されている――と、章の数字、節の数字、を示すのが慣例である。

第四福音書：ヨハネ福音書。諸福音書の順番で、第四番目である。

タルグム：ヘブライ語を話さないユダヤ人たちのための旧約聖書についての翻訳ないし解釈。

タルムード：トーラーについてのさまざまな解釈を編纂したもの。後二〇〇年から編纂が行なわれた。

長老：初期共同体の指導者たち。ギリシア語のプレスビュテロスから、フランス語の「プレートル」（司祭）が由来している。

ディアスポラ：ユダヤ地方以外のところに生活するユダヤ人たちの総称。彼らは、ギリシア・ローマの文化に大きく影響されていることが多い。

『ディヴィノ・アフランテ・スピリトゥ』（Divino Afflante Spiritu）：一九四三年のピウス十二世の回勅。この回勅は、カトリックの聖書学者たちによって、より科学的な釈義への転回点と見なされることが多い。

『ディダケー』：コンスタンチノープルで一八七三年に発見された文書の題（ギリシア語でディダケーは、教えを意味する）。教会的規律についての最古のマニュエルである。洗礼、聖餐、共同体指導者たち、についての指示がなされている。

トーラー：ユダヤ教の律法のヘブライ語の名。

パルシア（再来、再臨）：「主の日」における地上へのイエスの再来。ギリシア語のパルシアは、「目の前に存在していること」「面前していること」を意味する。

日（ないし、主の日）：終末論における決定的な時。生者と死者を裁いて、世界を支配するために、キリストが地上に再来するときである。

ファリサイ派：イエス当時のユダヤ教の党派。ファリサイ派についてはいまだによくわかっていない。フラビウス・ヨセフス（『ユダヤ古代誌』一三および一八）によれば、彼らには他にはない三つの特徴がある。書かれた律法に加えて、彼らは口頭の律法を尊重している。口頭の律法は、書かれた律法についての解釈によって構成されている。彼らは、復活を信じている。人間の行為は、神の意志と人間的自由の両方によって条件づけられていると、されている。福音書で彼らは、偽善的なグループとして登場する。イエスの教えが、多くの点で彼らの教えと同じであって、両者を区別しなければならなかったためだと思われる。

ペリコーペ：研究の対象として選ばれた聖書箇所。

牧会書簡：パウロに帰されている手紙のグループ（第一・第二テモテ書、テトス書）。これらの手紙では共同体の品行のことが中心的に扱われているために、こうした名がつけられた。

黙示文学：前三世紀頃に生まれた文学ジャンルで、さまざまな出来事についての啓示、それから夢ないし幻によって得られた知識についての啓示が記されている。たいていの場合、これらの啓示は、世界と人類の終わりについてのもの（終末論）である。

ロゴス（言葉）：「言葉」を意味する名。ヨハネ福音書のプロローグ（一章）で、イエスを名づけるものとして用いられている。

年表

政治的出来事	聖書の出来事
アウグストゥス帝（前二七〜一四年） 前一九年九月二十一日　ウェルギリウス没 前二年二月五日　アウグストゥス、元老院により「祖国の父」に任命される 三年　アルメニアを占領したパルチアに対する遠征 九年　ゲルマニアのトイトブルグの森でゲルマン人が、Q・ウァルスの軍を殺戮	前六年頃　イエスの誕生 前四年　ヘロデ大王没 九年　ユダヤの併合
ティベリウス帝（一四〜三七年） 一四年九月二十六日　ドルススが、軍隊を率いてパンノニアに到着 一五年　セヤヌス、親衛隊司令官に任命される 一九年十月十日　ティベリウスの甥で養子のゲルマニクス、アンティオキアで毒殺される 二〇年　ピソの自殺 二一年一月　ティベリウス、カンパニアに退く 三一年十月十七日　セヤヌス、逮捕、有罪宣告、処刑	二六年　ポンス・ピラト、ユダヤ総督に任命される 三〇年あるいは三三年　ユダヤでのイエスの有罪判決と処刑 三〇〜三七年頃　ステファノの殉教、ヘレニストのアンティオキアへの移動、パウロの回心（三四年頃？）とパウロの最初のエルサレム訪問（三七年頃？）

政治的出来事	聖書の出来事
カリグラ帝（三七〜四一年） 三八年　親衛隊司令官マクロの自殺 三九年一月　多くのローマ帝国の裁判と断罪 三九年九月二日　カリグラ、ふたりの現職執政官を解任する 四〇年六月　財政再建のための税を創設	
クラウディウス帝（四一〜五四年） 四三年　ブリタニア（イギリス）が、ローマ属州になる 四八年　クラウディウスに対するメッサリナの陰謀	四四年　ヤコブの斬首 ユダヤがローマ属州になる 四六〜五一年　パウロの一連の伝道旅行 四九年　ローマからのユダヤ人たちの追放、エルサレムの「公会議」（？） 五一年頃　第一テサロニケ書
ネロ帝（五四〜六八年） 五五年二月　クラウディウスの子ブリタニクスの暗殺（毒殺） 五七年　アルメニアにおけるコルブロの、パルチアに対する遠征 五九年三月　ネロの命令により、アグリッピナ暗殺 六〇年　ブリタニアにおけるローマ支配に対するボウディッカの反乱	五四〜五八年頃　パウロの伝道活動、ガラテヤの者たち、コリントの者たち、フィリピの者たち、フィレモン、ローマの者たち、との文通 五八〜六〇年　パウロ、エルサレムついでカイサリアで牢獄生活。パウロはローマに向けて発ち、六二年あるいは六八年にローマで没

六二年六月十九日　ネロの命令により、オクタヴィア処刑／ネロとポッパエアの結婚 六四年七月十八日　ローマの大火（七月二十七日まで）、キリスト教徒への迫害の開始 六五年四月　ピソの陰謀の失敗、陰謀参加者の処刑、陰謀に巻き込まれたセネカの自殺 六八年　スペイン・タラコネンシス州総督ガルバの挙兵	六二年　エルサレムのヤコブの死 六四年あるいは六八年　ペトロの死 六六年　カイサリアでの騒ぎの初め、ついでエルサレムで騒ぎ。反乱を抑えるために、ウェスパシアヌスがユダヤに派遣される 八月　反乱軍によるアントニア要塞の占領。カイサリアでのユダヤ人住人の虐殺 六八年六月三日　ウェスパシアヌスの軍隊、エリコの前に到着
三人の皇帝（六八～六九年） **ウェスパシアヌス帝（六九～七九年）**	七〇年七月　ティトゥスの軍隊、エルサレム入城 七〇年九月八日　ローマ軍によるエルサレムの占領と大火 七三年五月二日　ユダヤでの最後の反乱の町マサダの占領 七〇～八〇年頃　マルコ福音書の出版
ティトゥス帝（七九～八一年） 七九年八月二十四日　ヴェスヴィオ山の噴火により、ポンペイとヘルクラヌム（エルコラーノ）が破壊される 八〇年　ティトゥスによるコロセウムの落成	八〇年代　マタイ福音書、ルカ福音書の出版。ヤコブ書、牧会書簡、第一ペトロ書の執筆。

政治的出来事	聖書の出来事
ドミティアヌス帝（八一～九六年） 八三年　ドミティアヌス、ゲルマニアに遠征	八〇年代末　ヘブライ書、ヨハネの諸書簡の執筆（?） 九三年　ユダヤ人・キリスト教徒に対する迫害と元老院の反対 九六年頃　ヨハネ黙示録の執筆、ドミティアヌスの迫害への言及がある
ネルヴァ帝（九六～九八年） トラヤヌス帝（九八～一一七年） 一〇五年　第二次ダキア戦争（一〇七年まで） 一一四年　パルチアに対する遠征の開始（一一七年まで）	一〇〇年頃　ヨハネ福音書の最終的執筆 一一七年　ユダヤ人たちの蜂起
ハドリアヌス帝（一一七～一三八年） 一二二年　「ハドリアヌスの長城」建設の開始 一二三年　パルチアとの平和条約	一二〇年頃　第二ペトロ書の執筆 一三二年　シモン・バル・コクバの指導によるユダヤでの反乱の開始 一三五年　ユダヤ人反乱の鎮圧

訳者あとがき

本書は、Régis Burnet, *Le Nouveau Testament*, (Coll. « Que sais-je? » n°1231, P.U.F, Paris, 2004) の全訳である。「クセジュ叢書」では一九六六年以来、オスカー・クルマンによる『新約聖書』(邦訳：白水社文庫クセジュ四一五番) が存在していた。新しい内容のものが新しい著者によって出版されたことになる。

著者のレジス・ビュルネ氏は、一九七三年二月八日の生まれ。一九九四年にエコール・ノルマル・シュペリウールに入学して、九八年まで、ラテン語、ギリシア語、芸術史、解釈哲学、古代史、現代史、を学んだ秀才である。一九九五年に『パウル・ツェランの読者としてのガダマー』(*Gadamer lecteur de Paul Celan*) で、哲学修士号 (グルノーブル第二大学)、一九九七年に近代文学のアグレガシオン (教授資格) を取得。一九九七年からパリのエコール・プラティク・デ・オト・エチュードの学生となって、二〇〇一年に『一世紀および二世紀のキリスト教書簡の実践――タルソスのパウロからスミルナのポリュカルポスまで』(*La pratique épistolaire chrétienne aux Ier et IIe siècle : de Paul de Tarse à Polycarpe de Smyrne*) で博士号を取得している。現在は、パリ第七大学および第八大学で教えているとのことである。

現在（二〇〇五年）までに確認できたところでの、本書以外の彼の著作は以下の通り。

Paul, Paris, Desclée de Brouwer, 2000（『パウロ』）

L'Égypte ancienne à travers les papyrus, Pygmalion, Paris, 2003（『パピルスを通して見た古代エジプト』）

Épîres et Lettres, Lectio Divina, Cerf, Paris, 2003（博士論文『書簡の手紙』）

Marie-Madeleine, « Lire la Bible », Cerf, Paris, 2004（『マグダラのマリア』）

Pour Lire le Nouveau Testament, Cerf, Paris, 2004（Étienne Charpentier と共著、『新約聖書を読むために』）

ビュルネ氏は三十歳台前半という若さにもかかわらず、すでにいくつもの著作を世に問うており、伝統と権威のある「クセジュ叢書」の「新約聖書」の新版の執筆が任されたことに端的に窺えるように、実力のある若手研究者として認められている存在である。右の文献リストにある『新約聖書を読むために』という一般向けの新約聖書入門書も、かつてはシャルパンティエ氏単独のものが出版されていたが、新しい観点からの改訂がなされたものである。

「クセジュ叢書」の各巻は、それぞれのテーマについていくらか詳しい入門的な知識を提供することを目的とするものだが、本書はその使命をたいへん巧みに果たしていると言ってよいだろう。しかも旧版の『新約聖書』に比して、今回の『新約聖書入門』はいたって斬新なものになっていると言えると思われる。

これは、二十世紀の新しい発見——とくにグノーシス主義の諸文書、死海文書の発見——に関する研究がかなり熟してきたことに配慮することが、重要な動機のひとつになっていると考えられる。これは、新約聖書研究の状況のいわば量的な側面の変化への対応である。

しかしビュルネ氏の『新約聖書入門』には、新約聖書研究の状況の質的な変化への対応の姿も感じられる。新約聖書研究では、前世紀の末近くになって、社会的な環境を考慮することに関心が向けられるようになった。こうした動きと相俟って、新約聖書ないしそこに収められている諸文書の読者の役割が重視されるようになった。読者とは、新約聖書の諸文書執筆当時の読者であり、また新約聖書を読もうとしている現代の読者でもある。

新約聖書はテキストである。つまり書かれたものである。そこには「内容」があって、「著者」がいる。従来の新約聖書研究では、この「内容」と「著者」にばかり関心が向けられていた。しかしテキストが書かれるのは、読まれるためである。テキストについて検討する際に「読者」の存在が、あまりに軽視されていたのである。

本書は新約聖書についての入門書である。新約聖書についての理解を深めるためには、新約聖書そのものを読むことが基本である。しかし予備知識がない者が新約聖書のテキストを読み進んでも、不明なところが数多く立ち現われてくる。そのようないわば「初心者」に、新約聖書の世界をいくらかでも親しいものにするのが入門書の役割だろう。新約聖書の全体や諸文書に関する基本的な情報や、目立つ特徴などが簡潔に指摘されると、新約聖書のテキストの姿がそれなりに把握しやすくなる。本書の全体の執筆の背後には、このような「初心者」への配慮が感じられる。一言で言うならば本書は、読者の立場を意識した入門書になっている。

こうしたことは、当たり前のことのようだが、実際にはなかなか困難である。本書の旧版であるクルマンの『新約聖書』と簡単に比較するだけでも、このことは了解できるだろう。クルマンの『新約聖書』は、新約聖書の写本についての解説から始まっている。初心者がおそらく聞いたことのない写本の名前が次々に記される。こうした「解説」は、いわば理性の立場からの論理的順序にしたがったものである。写本の問題はもちろん重要である。ビュルネ氏の版でも、写本の問題は扱われている（第四部）。しかしビュルネ氏の版では、まず新約聖書の時代の状況に読者を連れ込んでいる。新約聖書の諸文書の成立の様子に読者の注意が向かうように書かれている。

ビュルネ氏の版のこうした新しさは、ビュルネ氏個人の性格によるところもあるかもしれない。しかし旧版に対する新版のこうした新しさは偶然の産物ではなく、前世紀末頃からの世界的な規模の時代の雰囲気の大きな変化に対応したものだと思われる。この「大きな変化」とは、あらゆる局面での権威主義的な価値序列の相対化の動きのことである。いずれかの教会や教派の教育機関で養成されたのではなく、「エコール・ノルマル」や「オト・エチュード」というい わば「世俗」の教育機関に属して学んだビュルネ氏のような学徒が、実力のある研究者として登場していること自体が、こうしたことと無関係ではないかもしれない。しかしここはこの問題を、さらに検討する場ではないだろう。いずれにしても、旧来の権威主義的なあり方はその役目が終了しつつあり、有効性も減退してきたと考える立場から、本書のような新しい息吹を感じさせる入門書が登場したことは歓迎されるべきである。

もう一点、指摘しておきたい。本書は、読者の立場にたった配慮がなされた好著と言うべき入門書である。しかし新約聖書学についていくらかでも深い理解のある読者ならば、本書で示されているあらゆる判断が、そのまま真なるものとして受け入れられるべきではないということは明らかだろう。

一つだけ小さな例を挙げておく。八一頁の使徒行伝の荒筋の解説で、「ペンテコステの出来事が、ユダヤ人／異邦人の区別の終焉をはっきり示すものとなっていて、……」とされている。しかし「ペンテコステの出来事」が生じたとされている段階では、キリスト教徒は基本的にはまだユダヤ人出身の者たちだけであって、ユダヤ人／異邦人の区別の問題が本格的に扱われるのは物語のまだ先ではないかという疑問は避けられない。ビュルネ氏のここでの判断はかなり大胆なもので、さらなる議論があって然るべきところである。しかし小さな書物の枠内でさまざまなテーマを扱わねばならない本書では、すべての細部について詳しい議論をすることはできない。

こうした問題は、この他にも数多く見受けられる。諸文書の執筆時期のようないくらか大きなテーマについても、大胆な意見が示されている場合がある。したがって本書は、あくまで入門書である。本書によって新約聖書をめぐる諸問題についていくらかでも親しくなることができたならば、さらにさまざまな解説書や研究書を覗かれるようお勧めしたい。

最後に、本書の翻訳の作業にあたっては、白水社の中川すみ氏にたいへんお世話になった。この場で、感謝の意を表したい。

二〇〇五年八月

加藤　隆

参考文献

新約聖書に関する文献の量は，膨大である．以下のリストでは，入門的な著作や，新約聖書にはじめて触れるうえで役に立つ主要な常備書を示唆する．

全般的な入門書

Raymond E. Brown, *Que sait-on du Nouveau Testament ?*, Paris, Bayard, 2000.

Hanz Conzelmann et Andreas Lindemann, *Guide pour l'étude du Nouveau Testament*, Genève, Labor & Fides, « Le Monde de la Bible », 39, 1999.

Étienne Charpentier et Régis Burnet, *Pour lire le Nouveau Testament*, Paris, Le Cerf, 2004.

Delbert Burkett, *An Introduction to the New Testament and the Origins of Christianity*, Cambridge, Cambridge University Press, 2002.

テキスト研究のために

Pierre Benoît et Marie-Émile Boismard, *Synopse des Quatre Évangiles*, Paris, Le Cerf, 1970. 4つの福音書のテキストを並べた共観表.

Eberhard et Erwin Nestle, Barbara et Kurt Aland, Johannes Karavidopoulos, Carlo M. Martini, Bruce M. Metzger, *Novum Testamentum græce*, Stuttgart, Deutsche Bibelstiftung, 1993 (27e éd.). ギリシア語テキストの科学的な版.

Concordance de la Bible TOB, Paris, Le Cerf/Société biblique française, 1993 (nouv. éd. 2002). テキストのすべての語とその文脈が示されているコンコルダンス.

J.W. Wenham, *Initiation au grec du Nouveau Testament*, Paris, Beauchesne, 1995(3e éd.).

「研究の道具」

Xavier Léon-Dufour (dir.), *Vocabulaire de théologie biblique*, Paris, Le Cerf, 2003 (10e éd.).

Xavier Léon-Dufour, *Dictionnaire du Nouveau Testament*, Paris, Le Seuil, « Livre de Vie », 131, 1975.

Dictionnaire encyclopédique du judaïsme, Paris, Robert Laffont, « Bouquins », 1999.

Fulcran Vigouroux (dir.), *Dictionnaire de la Bible*, Paris, Letouzey et Ané, 1898-1920.

Louis Pirot *et al.* (dir.), *Supplément au Dictionnaire de la Bible*, Paris, Letouzey et Ané, 1928-...

Ceslas Spicq, *Lexique théologique du Nouveau Testament*, Paris, Le Cerf, 1991.

歴史的・文学的状況について

Hugues Cousin (dir.), *Le Monde où vivait Jésus*, Paris, Le Cerf, 1998.

Michel Quesnel et Philippe Gruson (dir.), *La Bible et sa culture*, Paris, DDB, 2000 (2 vol.).

J. B. Pritchard (dir.), *Atlas du monde biblique*, London-Paris, Times Book-Larousse, 1990.

Olivier Millet et Philippe de Robert, *Culture biblique*, Paris, PUF, « Premier Cycle », 2001.

Charles Perrot, *Jésus*, Paris, PUF, « Que sais-je? », n°3000, 2000.

Étienne Trocmé, *L'enfance du Christianisme*, Paris, Noêsis, 1997.

訳者略歴
加藤隆（かとう・たかし）
一九五七年生まれ
ストラスブール大学プロテスタント神学部博士課程修了（神学博士）
現在、千葉大学文学部国際言語文化学科教授
神学・新約聖書学専攻
主要著訳書
La pensée sociale de Luc-Actes (P. U. F.)
『新約聖書はなぜギリシア語で書かれたか』（大修館書店）
『『新約聖書』の誕生』（講談社）
『一神教の誕生』（講談社）
『福音書=四つの物語』（講談社）
E・トロクメ『受難物語の起源』（教文館）
E・トロクメ『キリスト教の揺籃期』（新教出版社）
E・トロクメ『四つの福音書、ただ一つの信仰』（新教出版社）
M・フイロネンコ『主の祈り、イエスの祈りから弟子たちの祈りへ』（新教出版社）
E・トロクメ『聖パウロ』（白水社文庫クセジュ八八一番）

本書は二〇〇五年刊行の『新約聖書入門』第一刷をもとにオンデマンド印刷・製本で製作されています。

新約聖書入門

二〇〇五年一〇月一〇日 第一刷発行
二〇二二年 六 月 五 日 第三刷発行

訳 者 © 加藤隆
発行者 及川直志
印刷・製本 大日本印刷株式会社
発行所 株式会社 白水社

東京都千代田区神田小川町三の二四
電話 営業部〇三（三二九一）七八一一
編集部〇三（三二九一）七八二一
振替 〇〇一九〇—五—三三二二八
郵便番号一〇一—〇〇五二
http://www.hakusuisha.co.jp
乱丁・落丁本は、送料小社負担にてお取り替えいたします。

ISBN978-4-560-50892-3
Printed in Japan